Mikrowelle

Martina Petrig

Schnell und kreativ kochen mit der

Mikrowelle

FALKEN

90 180 360
Temp.
250°
0 5 10 15 20 25
45 50 55

INHALT

KREATIV GEKOCHT UND ZEIT GESPART

Kochen mit der schnellen Welle

Mikrowellengeräte sind aus unseren Küchen kaum mehr wegzudenken. Häufig werden sie allerdings nur sehr eingeschränkt zum Auftauen und Aufwärmen genutzt.
Diese Technik bietet jedoch viele Vorteile beim Kochen, die von den meisten Benutzern eher vernachlässigt werden.

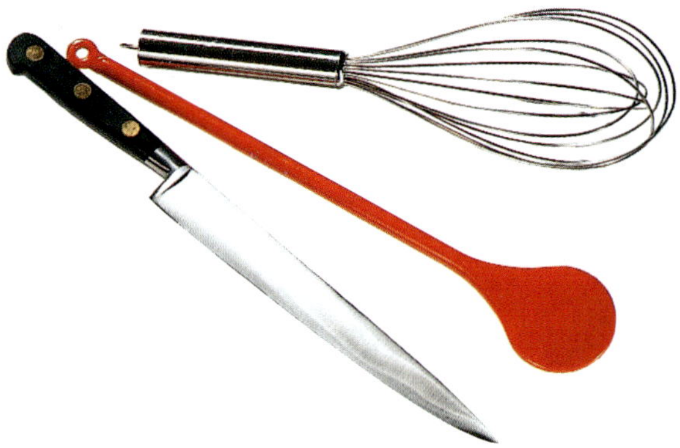

In diesem Buch finden Sie Rezepte für schnelle, einfache und kreative Gerichte, die auf herkömmliche Art eher aufwendig zuzubereiten sind. Beispielsweise lassen sich während des Garens in der Mikrowelle andere Arbeitsschritte, wie zum Beispiel das Putzen und Zerkleinern von Zutaten, erledigen. Dies ist möglich, da Sie die genaue Garzeit am Gerät einstellen und das Ganze in dieser Zeit nicht beobachten müssen. Sie haben zwischendurch also praktisch „frei“.
Machen Sie auf diese Weise das Beste aus den Möglichkeiten, die Ihnen das Mikrowellengerät bietet. Natürlich ersetzt diese Technik nicht den Herd bzw. den Ofen. Sinnvoll eingesetzt, erleichtert sie das Kochen jedoch erheblich. Dies trifft ganz besonders auf kleinere Haushalte mit 1 oder 2 Personen zu.
Probieren Sie mit uns aus:

- Sehr schnelle Gerichte: Sie lassen sich in maximal 30 Minuten zubereiten, da Arbeitszeiten und Garzeiten parallel laufen.
- Leichte Gerichte: Mit höchstens 450 kcal pro Portion kann Ihrer Figur nichts passieren.
- Internationale Gerichte: Kulinarisches aus aller Welt macht auch vor der Mikrowelle nicht halt.
- Vegetarische Gerichte: Hier ist keine Rede von Verzicht. Ovo-lacto-vegetabile Gerichte (mit Eiern und Milchprodukten) stehen für gesunden Genuß.

Was sind Mikrowellen ?

Mikrowellen sind elektromagnetische Wellen, die vom Lebensmittel, insbesondere vom darin enthaltenen Wasser, absorbiert werden. Die Wellen bringen die Wassermoleküle zum Schwingen und erzeugen auf diese Weise Reibungswärme. So erklärt sich auch, daß stark wasserhaltige Lebensmittel sich schneller erwärmen, wasserarme dagegen nur langsam heiß werden. Das Kochgeschirr erwärmt sich praktisch nur durch die Übertragungswärme der erhitzten Speisen.
Häufig wird im Zusammenhang mit Mikrowellen der Aspekt mangelnder Sicherheit angesprochen. Diesbezügliche Befürchtungen sind unbegründet, da alle in Deutschland erhältlichen Mikrowellengeräte strengen Sicherheitsbestimmungen unterliegen. Bei ordnungsgemäßem Gebrauch sind Gesundheitsgefährdungen ausgeschlossen.

Welches Geschirr ist für die Mikrowelle geeignet?

Neben speziell für Mikrowellengeräte angebotenem Kunststoff- oder Glasgeschirr können Sie auch jedes andere hitzebeständige Geschirr verwenden. Metallhaltige Gefäße dürfen nicht verwendet werden, da das Metall die Mikrowellen reflektiert. Wenn Sie ganz sicher gehen wollen, können Sie die Mikrowellentauglichkeit Ihres Geschirrs selbst überprüfen. Stellen

Sie es leer für etwa ½ Minute bei 800 Watt Leistung ins Mikrowellengerät. Hat sich das Geschirr im Anschluß daran nicht oder nur geringfügig erhitzt, so ist es mikrowellengeeignet. Andernfalls sollten Sie es nicht verwenden.

Bei neueren Geräten können sogar geringe Mengen Metall (z.B. Grillroste oder Alufolie) im Garraum verbleiben. Generell kann man sagen, daß optimale Garergebnisse in runden oder ovalen Formen aus Glas bzw. Kunststoff erzielt werden. Glas ist besonders gut geeignet, da Sie das Gericht darin auch bei geschlossener Tür gut beobachten können.

Beim Garen in der Mikrowelle kommt es generell nicht zu Bräunungen. Wenn Sie diese erzielen wollen, müssen Sie spezielles Bräunungsgeschirr zur Hilfe nehmen. Dieses nimmt die Mikrowellenstrahlung am Boden besonders auf, und dadurch kommt es zu Bräunungseffekten auf den gegarten Lebensmitteln. Alle Rezepte in diesem Buch lassen sich jedoch auch mit herkömmlichen Geschirren zubereiten.

Tips zum Kochen in der Mikrowelle

◆ Wir sind beim Erstellen der Rezepte von Geräten mit reiner Mikrowellenfunktion (in Geräten mit Heißluft- oder Grillfunktion lassen sich die Rezepte ebenfalls zubereiten) und einer Maximalleistung des Gerätes von 800 Watt ausgegangen. Dies entspricht der Leistung gängiger Mikrowellengeräte. Die in den Rezepten angegebenen Werte 25, 50 und 75 % entsprechen 200, 400 und 600 Watt. Sollte Ihr Gerät eine andere Maximalleistung als 800 Watt haben, so müssen Sie die Garzeiten erhöhen bzw. verringern. Generell kann man sagen, daß eine 20 % höherere Leistung (1000 Watt) eine um 20 % kürzere Garzeit bedeutet.

Entsprechend verlängert sich die Garzeit bei geringerer Maximalleistung des Gerätes um den jeweiligen Anteil. Beispielsweise ergibt eine 25 % niedrigere Leistung (600 Watt) eine um 25 % längere Garzeit.

Bei manchen Mikrowellengeräten ist die Leistung nicht in Watt, sondern mit Symbolen, wie , , , angegeben. In diesem Fall muß die Maximalleistung des Gerätes anhand der vom Hersteller mitgelieferten Beschreibung ermittelt werden. Unser Tip: Machen Sie sich Ihre eigene Umrechnungstabelle, die Sie ins Buch kleben. So erleichtern Sie sich die Arbeit.

Die bei den Rezepten angegebenen Garzeiten sind generell nur Richtwerte, da das Garergebnis je nach Größe des Garraums der Mikrowelle und des Geschirrs sowie nach Beschaffenheit und Stückgröße der Zutaten und des Geschirrs noch variieren kann. Wählen Sie die Garzeit immer etwas kürzer als im Rezept

angegeben, und garen Sie gegebenenfalls kurz nach, wenn ein Gericht noch nicht ganz fertig ist.

◆ Wenn Sie die angegebenen Zutatenmengen verändern wollen, gilt die Faustregel:
doppelte Menge = doppelte Zeit.

◆ Decken Sie alle in der Mikrowelle zu garenden Gerichte ab, außer in einem Rezept wird speziell darauf hingewiesen, daß offen gegart werden soll. Achten Sie beim Abdecken darauf, daß der Deckel nicht luftdicht schließt, da es ansonsten zu Überdruck im Gefäß kommen kann.

◆ Bei Garzeiten über 5 Minuten sollten Sie das Gargut zwischendurch wenden oder umrühren. So verteilt sich die Hitze besser, und das Gericht gart gleichmäßiger. Falls Sie ein Mikrowellengerät mit Drehteller besitzen, sollten Sie diesen immer zuschalten. Durch das Drehen des Geschirrs im Garraum werden die Lebensmittel ebenfalls gleichmäßiger erhitzt.

◆ Beilagen, wie Nudeln, Kartoffeln und Kartoffelzubereitungen, lassen sich besser auf konventionelle Weise auf dem Herd als in der Mikrowelle zubereiten.
Für Reis gilt dies jedoch nicht. Ihn kann man sehr gut in der Mikrowelle kochen. Geben Sie für 2 Personen etwa 120 g Reis zusammen mit 250 ml Wasser in ein Mikrowellengeschirr und garen Sie ihn darin zugedeckt bei 100 % (800 Watt) etwa 5 Minuten, danach noch 12 Minuten bei 50 %. Lassen Sie den Reis anschließend noch einige Minuten nachquellen.

◆ Wenn Sie unterschiedlich geformte Teile gleichzeitig garen möchten, plazieren Sie sie so, daß die dünneren Teile zur Tellermitte zeigen. Sind alle Stücke gleich groß, ordnen Sie sie ringförmig an, und lassen Sie die Mitte frei.

◆ Lebensmittel mit fester Schale oder Haut (zum Beispiel Würstchen oder Tomaten) müssen vor dem Erhitzen mehrmals eingestochen werden, da sie sonst platzen.

◆ Da sich das Mikrowellenkochen durch Schnelligkeit auszeichnet, haben wir bei den Rezepten darauf verzichtet, die Herstellung aller Saucen und Brühen zu beschreiben. Dies erscheint uns auch im Hinblick auf kleine Haushalte als sehr unpraktikabel. Selbstverständlich können Sie jedoch in jedem Rezept die fertigzubereiteten Zutaten durch die gleiche Menge selbsthergestellter Brühen und Saucen austauschen. Dies gilt auch für Tiefkühlgemüse und -kräuter, die Sie durch frische Zutaten ersetzen können.

Tips zu den Rezepten

Die Arbeitszeiten

Sie sagen aus, wie lange Sie für die Vorbereitung des Gerichts benötigen. Sonderzeiten müssen hier noch dazugerechnet werden. Die Garzeiten brauchen nicht vollständig zu den Arbeitszeiten hinzugerechnet werden, da beim Garen in der Mikrowelle viele Arbeitsabläufe parallel ablaufen können.

Die Sonderzeiten

Zeiten zum Marinieren, Quellen etc. werden unter dieser Rubrik extra ausgewiesen und müssen zu den Arbeitszeiten hinzugerechnet werden. Bei den Rezepten, bei denen etwas länger ruhen muß, empfiehlt es sich oft, während dieser Zeit mit anderen Vorbereitungen fortzufahren. So sparen Sie Zeit.

Die Garzeiten

Die angegebenen Garzeiten sind Mittelwerte und können zum Beispiel je nach Konsistenz des Gemüses schwanken. Stellen Sie die Zeit eher knapper als im Rezept beschrieben ein, und prüfen Sie den Garzustand anschließend. Garen Sie gegebenenfalls noch kurz nach.

Die Portionsangaben

Alle Rezepte sind als Hauptmahlzeit für 2 Personen gedacht.

Die Kalorienangaben

Sie beziehen sich immer auf 1 Portion des Gerichts.

Die Zutatenmengen

Diese beziehen sich immer auf die ungeputzte Rohware. Bei Stückangaben (z.B. 1 Möhre) wird von einem Stück mittlerer Größe ausgegangen. Bei Eßlöffel- und Teelöffelangaben sind jeweils gestrichene Maße gemeint.

Die Beilagentips

Hier finden Sie Vorschläge für besonders geeignete Beilagen.

Die Rezeptvariationen

Hier erhalten Sie Anregungen, wie Sie einzelne Zutaten austauschen oder das Gericht auch einmal auf andere Weise zubereiten können.

Die praktischen Tips

Unter dieser Rubrik finden Sie Informationen zur Küchenpraxis und zur Warenkunde sowie zu Einkauf und Lagerung einzelner Lebensmittel. Falls Sie ein Mikrowellengerät mit Grill besitzen, finden Sie hier Hinweise, wie Sie ein Gericht mit der Grillfunktion geschmacklich und optisch vollenden können.

Die Getränketips

Hier werden Hinweise gegeben, welche Getränke besonders gut mit dem Gericht harmonieren. Neben den in der Regel dort angegebenen alkoholischen Getränken sollten Sie aber auch immer Alkoholfreies (z.B. Mineralwasser und Obstsäfte) bereitstellen.

Die Abkürzungen

TL	=	Teelöffel (gestrichen)
EL	=	Eßlöffel (gestrichen)
Msp.	=	Messerspitze
g	=	Gramm (1000 g = 1 kg)
kg	=	Kilogramm
ml	=	Milliliter (1000 ml = 1 l)
l	=	Liter
cm	=	Zentimeter
kcal	=	Kilokalorien
TK-	=	Tiefkühl-...

FEINE KOHLRABISUPPE

Infoblock

- **Arbeitszeit: ca. 10 Minuten**
- **Garzeit: ca. 18 Minuten**
- **2 Portionen**
- **ca. 750 kcal je Portion**

Zutaten

1 Zwiebel
1 EL Butter oder Margarine
300 g TK-Kohlrabistifte
100 g TK-Champignons
5 EL Weißwein
¼ l Fleischbrühe (aus Instantpulver zubereitet)
3 Weißwürstchen
⅛ l helle Sauce (aus Instantpulver zubereitet)
4 EL saure Sahne
Salz, Pfeffer aus der Mühle
1 Prise geriebene Muskatnuß
½ Bund Petersilie

1 Die Zwiebel schälen, fein würfeln und zusammen mit der Butter oder der Margarine in ein Mikrowellengeschirr geben. Die Kohlrabistifte und die Champignons hinzufügen.

2 Den Weißwein und die Fleischbrühe angießen und alles zugedeckt bei 75% 13 Minuten garen.

3 In der Zwischenzeit die Weißwürstchen häuten und in Scheiben schneiden.

4 Anschließend die Wurstscheiben, die helle Sauce und die saure Sahne zum Gemüse geben und alles mischen.

5 Das Ganze mit Salz, Pfeffer und Muskat abschmecken und noch einmal zugedeckt bei 100% 5 Minuten garen.

6 Die Petersilie in der Zwischenzeit waschen, trockentupfen und fein hacken. Die Suppe in 2 tiefe Teller geben und mit der Petersilie bestreuen.

BEILAGENTIP

Dazu schmecken herzhafte Laugenbrötchen oder Laugenbrezeln.

REZEPTVARIATION

Wenn Sie lieber einen etwas kräftigeren Geschmack der Suppe mögen, bereiten Sie sie doch einmal mit 2 Mettwürstchen statt der Weißwürste zu. Diese brauchen Sie nicht zu häuten, sondern nur sehr fein schneiden.

PRAKTISCHE TIPS

- **Kaufen Sie immer ganz frische Weißwürstchen ein, und verwenden Sie sie noch am gleichen Tag. Die Würstchen können sehr schnell verderben.**
- **Statt der frischen Petersilie können Sie auch tiefgefrorene, gehackte Petersilie verwenden. Zerdrücken Sie sie mit einem Löffelrücken, bevor Sie sie auf die Suppe geben.**

GETRÄNKETIP

Dazu schmeckt ein spritziger Weißwein, z.B. ein Vinho verde.

BLUMENKOHLRAHMSUPPE

Infoblock

- Arbeitszeit: ca. 15 Minuten
- Garzeit: ca. 22 Minuten
- 2 Portionen
- ca. 520 kcal je Portion

Zutaten

400 g Blumenkohl
200 g Brokkoli
1 EL Butter oder Margarine
4 EL Weißwein
Saft von 1 Zitrone
½ l Gemüsebrühe (aus Instantpulver zubereitet)
Salz, Pfeffer aus der Mühle
1 Prise geriebene Muskatnuß
3 Tropfen Tabasco
1 EL saure Sahne
5 EL Crème fraîche
2 Zweige Petersilie
100 g geräucherter Lachs in Scheiben
2 EL Pinienkerne

1 Den Blumenkohl und den Brokkoli waschen, putzen und in Röschen zerteilen.

2 Die Blumenkohlröschen zusammen mit der Butter oder der Margarine, dem Weißwein und dem Zitronensaft in ein Mikrowellengeschirr geben. Die Gemüsebrühe angießen.

3 Den Blumenkohl in der Flüssigkeit zugedeckt bei 100% 12 Minuten garen.

4 Die gegarten Röschen anschließend in der Brühe im Mixer oder mit dem Pürierstab pürieren. Sie danach zusammen mit den Brokkoliröschen wieder in das Mikrowellengeschirr geben und alles bei 75% 10 Minuten zugedeckt garen.

5 Die Flüssigkeit mit Salz, Pfeffer, Muskat und Tabasco kräftig abschmecken. Die saure Sahne und die Crème fraîche mit einem Schneebesen glattrühren und in die Suppe einrühren.

6 Die Petersilie waschen, trockentupfen und die Blättchen abzupfen. Den Lachs in Streifen schneiden und in 2 tiefe Teller geben. Die Suppe darauf gießen und mit den Pinienkernen und der Petersilie bestreut servieren.

BEILAGENTIP

Zu dieser feinen Suppe passen sehr gut Sesambrötchen oder Sesamstangen mit Salzbutter.

REZEPTVARIATION

Wenn Sie einen etwas kräftigeren Geschmack lieben, tauschen Sie beide Gemüsesorten gegeneinander aus. Nehmen Sie 400 g Brokkoli für die Suppe und 200 g Blumenkohl als Einlage. Anstatt des Lachses verwenden Sie Streifen von gekochtem Schinken, und nehmen Sie Walnußkerne statt der Pinienkerne.

PRAKTISCHER TIP

Wenn Sie die Farbe des jeweiligen Gemüses besonders betonen möchten, blanchieren Sie den Brokkoli 1 Minute in Natronwasser, den Blumenkohl jedoch 1 Minute in Zitronenwasser.

GETRÄNKETIP

Servieren Sie dazu ein dunkles, herbes Bier, z.B. Altbier.

SYLTER FISCHSUPPE

Infoblock

- Arbeitszeit: ca. 15 Minuten
- Garzeit: ca. 15 Minuten
- 2 Portionen
- ca. 320 kcal je Portion

Zutaten

1 EL Butter oder Margarine
1 Zwiebel
1 kleines Päckchen TK-Suppengrün
5 EL Weißwein
¼ l Fischfond (aus dem Glas)
200 g Fischfilet (z.B. Kabeljau, Rotbarsch)
200 g Krabbenfleisch
Saft von ½ Zitrone
1 Döschen Safranpulver (0,1 g)
5 EL saure Sahne
1 TL Speisestärke
½ Bund Dill
Salz, Pfeffer aus der Mühle

1 Die Butter oder die Margarine in ein Mikrowellengeschirr geben. Die Zwiebel schälen, fein würfeln und im Fett zugedeckt bei 100% 3 Minuten garen.

2 Das Suppengrün, den Weißwein und den Fischfond zu Zwiebelwürfeln und Fett geben.

3 Das Fischfilet waschen, trockentupfen und in Würfel schneiden. Diese zusammen mit dem Krabbenfleisch in die Flüssigkeit geben. Den Zitronensaft und den Safran ebenfalls dazugeben und alles zugedeckt bei 100% 6 Minuten garen.

4 Die saure Sahne mit der Speisestärke verrühren und in die Suppe geben. Diese anschließend gut durchrühren und noch einmal zugedeckt bei 100% 6 Minuten garen.

5 Den Dill waschen, trockentupfen und fein schneiden. Die Fischsuppe mit Salz und Pfeffer abschmecken und in 2 tiefe Teller geben. Sie mit dem Dill bestreuen und servieren.

BEILAGENTIP

Dazu paßt Baguette mit Salzbutter.

REZEPTVARIATION

Probieren Sie die Suppe auch einmal mit 200 g Muschelfleisch anstelle der Krabben. Geben Sie in diesem Fall zusätzlich 1 Lorbeerblatt und 1 Nelke zusammen mit den Muscheln in den Fischfond. Entfernen Sie die Gewürze vor Schritt 4 wieder aus der Suppe.

PRAKTISCHER TIP

Fisch können Sie 1 Tag im Kühlschrank in einer zugedeckten Porzellanschüssel aufbewahren. Wenn Sie sich nicht sicher sind, wann Sie Fisch verbrauchen, kaufen Sie ihn sicherheitshalber tiefgefroren in kleinen Portionen ein.

GETRÄNKETIP

Zur Fischsuppe paßt ein trockener Riesling aus dem Rheingau.

ZWIEBELSUPPE MIT KLÖSSCHEN

Infoblock

- **Arbeitszeit: ca. 25 Minuten**
- **Garzeit: ca. 22 Minuten**
- **2 Portionen**
- **ca. 610 kcal je Portion**

Zutaten

1 EL Butter oder Margarine
1 Knoblauchzehe
4 Zwiebeln
1 Stange Lauch
1 Karotte
6 EL Weißwein
Salz
1 EL Tomatenmark
½ l Fleischbrühe (aus Instantpulver zubereitet)
200 g gewürztes Schweinemett
1 TL scharfer Senf
1 Ei
½ TL getrockneter Majoran
½ TL getrockneter Thymian
Pfeffer aus der Mühle
2–3 EL Semmelbrösel
½ Bund Schnittlauch
1 Prise geriebene Muskatnuß
2 EL saure Sahne

1 Die Butter oder die Margarine in ein Mikrowellengeschirr geben. Die Knoblauchzehe schälen und fein hacken.

2 Die Zwiebel schälen. Den Lauch und die Karotte waschen und putzen. Das ganze Gemüse kleinschneiden und zusammen mit der Knoblauchzehe in das Geschirr geben. Den Weißwein angießen, alles etwas salzen und zugedeckt bei 100% 8 Minuten garen.

3 Anschließend das Tomatenmark unter das Gemüse mischen und die Fleischbrühe angießen. Die Suppe noch 4 Minuten zugedeckt bei 75% garen.

4 Für die Klößchen das Schweinemett, Senf, Ei, Majoran und Thymian gut verkneten und mit Salz und Pfeffer kräftig abschmecken. Diese Masse danach mit den Semmelbröseln binden.

5 Das gewürzte Schweinemett in etwa 12 Portionen teilen und diese jeweils zu Klößchen formen. Diese in die Suppe geben und darin zugedeckt bei 75% 10 Minuten garen. In der Zwischenzeit den Schnittlauch waschen, trockentupfen und fein schneiden.

6 Die Zwiebelsuppe mit Salz, Pfeffer und Muskat nochmals abschmecken und in 2 Teller geben. Sie mit je 1 Eßlöffel saurer Sahne und Schnittlauch garnieren und servieren.

BEILAGENTIP

Zu der Zwiebelsuppe schmeckt ein deftiges Bauernbrot oder Baguette.

REZEPTVARIATION

Da Mett eventuell sehr fett ist, können Sie die Klößchen auch mit 200 g gemischtem Hackfleisch zubereiten. Würzen Sie es mit Salz, Pfeffer, Paprika, Senf, Rosmarin und Majoran und verarbeiten Sie es anschließend wie im Rezept beschrieben weiter.

PRAKTISCHE TIPS

- **Die Hackklößchen dürfen nicht in kochender Flüssigkeit, sondern nur in knapp siedender Suppe gegart werden, da sie sonst zerfallen.**
- **Am besten lassen sich die Hackklößchen formen, wenn Sie Ihre Hände etwas anfeuchten.**
- **Wenn es einmal sehr schnell gehen soll, lassen sich sehr gut fertige Markklößchen verwenden. Es gibt sie eingeschweißt in unterschiedlichen Packungsgrößen zu kaufen.**

GETRÄNKETIP

Dazu schmeckt ein badischer Rosé, z.B. ein Spätburgunder Weißherbst.

GEFÜLLTE WEINBLÄTTER

Infoblock

- Arbeitszeit: ca. 25 Minuten
- Garzeit: ca. 14 Minuten
- 2 Portionen
- ca. 430 kcal je Portion

Zutaten

200 g Tartar
1 Zwiebel
1 kleine Dose Maiskörner (à ca. 200 g)
20 entsteinte grüne Oliven (ca. 100 g)
1 TL scharfer Senf
1 TL geriebener Meerrettich
1 Ei
Salz, Pfeffer aus der Mühle
1 Msp. Cayennepfeffer
½ TL gerebeltes Basilikum
½ TL gerebelter Oregano
½ Bund Petersilie
1–2 EL Semmelbrösel
12 Weinblätter (in Salzlake eingelegt)
6 EL Weißwein
⅛ l Gemüsebrühe (aus Instantpulver zubereitet)

1 Das Tartar in eine Schüssel geben. Die Zwiebel schälen, fein würfeln und zum Tatar hinzufügen.

2 Die Maiskörner in ein Sieb geben, abtropfen lassen und ebenfalls zu dem Fleisch geben. Die Oliven in Scheiben schneiden und hinzufügen. Das Ganze mit dem Senf, dem Meerrettich und dem Ei vermischen.

3 Die Füllung mit Salz, Pfeffer, Cayennepfeffer, Basilikum und Oregano kräftig würzen. Die Petersilie waschen, trockentupfen und feinhacken. Sie anschließend zusammen mit den Semmelbröseln zur Hackmasse geben und alles gut durchkneten.

4 Die Weinblätter abtropfen lassen, auf ein Küchenbrett legen und jedes Blatt mit etwa 1 Eßlöffel Tatarfüllung belegen. Es danach seitlich etwas einschlagen, zusammenrollen und das Blattende mit Zahnstochern feststecken.

5 Die Röllchen in ein Mikrowellengeschirr setzen. Den Weißwein und die Gemüsebrühe angießen. Das Ganze zugedeckt bei 75% 14 Minuten garen.

6 Die fertig gegarten Röllchen auf 2 Teller geben und mit etwas Flüssigkeit übergießen.

BEILAGENTIPS

Dazu schmeckt am besten eine Reis-Wildreis-Mischung (100 g Trockengewicht) oder griechisches Weißbrot.

REZEPTVARIATIONEN

- **Besonders pikant schmeckt das Gericht, wenn Sie das Tatar durch Lammhackfleisch ersetzen.**
- **Eine kräftige Sauce bekommen Sie, wenn Sie die Gemüsebrühe durch ⅛ l Bratensauce austauschen. Geben Sie diese in Schritt 5 zu den gefüllten Weinblättern, und garen Sie diese darin wie im Rezept beschrieben.**

PRAKTISCHER TIP

Dieses Gericht kann auch kalt serviert werden (ohne die Sauce). Als Beilage passen dazu Baguette, dünn mit Butter bestrichen, und Tzatziki. Dieses wird aus Joghurt, geraspelter Gurke und Knoblauch, Salz sowie Pfeffer zubereitet.

GETRÄNKETIP

Dazu schmeckt ein kräftiger Weißwein, z.B. ein griechischer Retsina.

Gefüllte Tomaten

Infoblock

- Arbeitszeit: ca. 25 Minuten
- Garzeit: ca. 10 Minuten
- 2 Portionen
- ca. 390 kcal je Portion

Zutaten

4 feste Fleischtomaten
Salz, Pfeffer aus der Mühle
1 EL Butter oder Margarine
1 Zwiebel
50 g Garnelen (geschält)
50 g Nordseekrabben (geschält)
50 g Räucherlachs
½ TL getrockneter Thymian
Saft von ½ Zitrone
½ Bund Petersilie
1 hartgekochtes Ei
100 g Mozzarella

GETRÄNKETIP

Dazu schmeckt ein trockener Weißwein, z.B. ein Chardonnay aus Italien oder Frankreich.

1 Die Tomaten waschen, trockentupfen und 4 Deckel abschneiden.

2 Das Innere der Tomaten mit einem Teelöffel oder Kugelausstecher vorsichtig herauslösen.Sie anschließend mit den Schnittflächen nach unten auf einem Küchenpapier einige Minuten abtropfen lassen. Danach das Innere salzen und pfeffern.

3 Ein Mikrowellengeschirr mit der Butter oder der Margarine einfetten. Die Zwiebel schälen und fein würfeln.

4 Die Garnelen, die Krabben und den Lachs kleinschneiden und alles mit den Zwiebelwürfeln vermischen. Diese Mischung mit Thymian, Zitronensaft, Salz und Pfeffer kräftig würzen. Die Füllung anschließend vorsichtig in die ausgehöhlten Tomaten geben.

5 Die Tomaten in das Mikrowellengeschirr setzen. Die Petersilie waschen, trockentupfen und hacken. Das Ei schälen und ebenfalls hacken, den Mozzarella fein würfeln. Petersilie, Ei und Mozzarella mischen und die Mischung auf die Tomaten geben.

6 Die gefüllten Tomaten zugedeckt bei 75% 10 Minuten garen. Sie danach sofort servieren.

BEILAGENTIPS

- **Dazu paßt ein kräftiger Feld- oder Rucolasalat in einer Vinaigrette zusammen mit Croûtons.**
- **Wenn Sie die gefüllten Tomaten als Hauptgericht zubereiten, servieren Sie dazu Kräuterreis (100 g Trockengewicht) mit 2 Eßlöffeln gehackten Kräutern.**

REZEPTVARIATION

**Wenn Sie gerne vegetarisch essen und einen herzhaften Geschmack lieben, versuchen Sie einmal folgende Füllung für die Tomaten:
150 g kleingewürfelter Schafskäse, vermischt mit 2 gehackten, hartgekochten Eiern und 20 in Scheiben geschnittenen grünen Oliven mit Paprikafüllung. Das Ganze mit Pfeffer und Paprikapulver edelsüß ab-schmecken und in die wie im Rezept angegebenen vorbereiteten Tomaten füllen. Sie danach nach Zubereitungsanweisung garen.**

PRAKTISCHER TIP

Wenn Ihre Mikrowelle über eine Grillfunktion verfügt, öffnen Sie das Mikrowellengeschirr etwa 3 Minuten vor Ende der Garzeit, und schalten Sie den Grill dazu. So bekommen die Tomaten eine schöne Käsekruste.

PILZPASTETCHEN

Infoblock

- Arbeitszeit: ca. 15 Minuten
- Garzeit: ca. 13 Minuten
- 2 Portionen
- ca. 360 kcal je Portion

Zutaten

1 EL Butter oder Margarine
1 Zwiebel
1 Stange Lauch
100 g Champignons
3 EL Weißwein
1 kleine Dose Mischpilze (ca. 200 g)
⅛ l helle Sauce (aus Instantpulver zubereitet)
Saft von ½ Zitrone
einige Tropfen Worcestersauce
Salz, Pfeffer aus der Mühle
4 Blätterteigpastetchen (Fertigprodukt)
4 Zweige Zitronenmelisse

1 Die Butter oder die Margarine in ein Mikrowellengeschirr geben. Die Zwiebel schälen und fein würfeln. Den Lauch putzen, waschen und in feine Streifen schneiden.

2 Die Champignons putzen, waschen, trockentupfen und in Scheiben schneiden. Zwiebel-, Lauch- und Champignonstücke zu dem Fett geben, den Weißwein angießen und alles zugedeckt bei 100% 6 Minuten garen.

3 Die Mischpilze in ein Sieb geben, abtropfen lassen und anschließend zusammen mit der hellen Sauce zu dem Gemüse hinzufügen. Das Ganze mit Zitronensaft, Worcestersauce, Salz und Pfeffer kräftig abschmecken und danach noch einmal zugedeckt bei 100% 6 Minuten garen.

4 Das Gericht in geschlossenem Gefäß beiseite stellen. Die Blätterteigpastetchen in einem Mikrowellengeschirr bei 100% 1 Minute erhitzen. Die Zitronenmelisse waschen, trockentupfen und die Blätter von den Stielen abzupfen.

5 Die Pastetchen anschließend herausnehmen, auf 2 Teller setzen und vorsichtig mit der Pilzmischung füllen. Sie mit der Zitronenmelisse garniert servieren.

BEILAGENTIP

Zu den Pilzpastetchen paßt ein frischer Salat, wie zum Beispiel ein Feldsalat mit Joghurtdressing oder ein Kopfsalat mit Dillvinaigrette.

REZEPTVARIATIONEN

- **Wenn Sie eine Fleischfüllung bevorzugen, können Sie die Mischpilze wahlweise durch 175 g gebratenes oder gekochtes Kalb- oder Geflügelfleisch ersetzen.**
- **Sie können die Mischpilze auch durch 200 g frische Pilze austauschen, die Sie in Scheiben geschnitten zusammen mit den Champignons zum Gericht geben und alles wie im Rezept beschrieben weitergaren.**

PRAKTISCHER TIP

Die Pastetchen eignen sich auch sehr gut als Vorspeise, wenn Sie Gäste erwarten. Servieren Sie 1 Pastetchen pro Portion

GETRÄNKETIP

Zu diesem feinen Gericht paßt ein trockener italienischer Rosé, z.B. ein Ravello.

PIKANT GEFÜLLTE ZWIEBELN

Infoblock

- Arbeitszeit: ca. 20 Minuten
- Garzeit: ca. 20 Minuten
- 2 Portionen
- ca. 550 kcal je Portion

Zutaten

4 mittelgroße Gemüsezwiebeln
¼ l Gemüsebrühe (aus Instantpulver zubereitet)
200 g Tartar
1 EL mittelscharfer Senf
1 TL grüne Pfefferkörner (in Lake eingelegt)
1 Ei
50 g geriebener Emmentaler
½ TL Majoran
Salz, Pfeffer aus der Mühle
1 TL Paprikapulver edelsüß
1 EL Weinbrand
½ Bund Petersilie
1 EL Semmelbrösel
⅛ l Sangrita Picante
⅛ l Bratensauce (aus Instantpulver zubereitet)

1 Die Zwiebeln schälen und danach Deckel abschneiden. Sie anschließend in ein Mikrowellengeschirr setzen und die Gemüsebrühe angießen. Das Gemüse in der Flüssigkeit zugedeckt bei 100% 6 Minuten garen.

2 Die Zwiebeln aus der Flüssigkeit nehmen und leicht abkühlen lassen. Das Innere mit einem Löffel aushöhlen. Das ausgehöhlte Fruchtfleisch fein hacken.

3 Das Tatar mit der Hälfte der gehackten Zwiebeln, Senf, Pfefferkörnern, Ei, Emmentaler und Majoran in eine Schüssel geben und alles gut vermischen.

4 Die Füllung mit Salz, Pfeffer, Paprikapulver und Weinbrand kräftig abschmecken. Die Petersilie waschen, trockentupfen und fein hacken. Sie anschließend mit den Semmelbröseln zusammen in die Fleischmasse geben und alles vermischen. Die Zwiebeln danach mit dieser Mischung füllen.

5 Die restlichen gehackten Zwiebeln in ein Mikrowellengeschirr geben. Die Sangrita Picante und die Bratensauce angießen. Die gefüllten Zwiebeln in die Sauce setzen und zugedeckt bei 75% 14 Minuten darin garen.

6 Die Zwiebeln auf 2 Tellern zusammen mit der Sauce anrichten.

BEILAGENTIP

Dazu schmecken am besten Kartoffelpüree (aus 300 g Kartoffeln oder Fertigpulver zubereitet) oder Salzkartoffeln (aus 300 g Kartoffeln).

REZEPTVARIATION

Besonders würzig wird die Füllung, wenn Sie 200 g gemischtes Hackfleisch verwenden und den Emmentaler durch 75 g geriebenen Bergkäse ersetzen.

PRAKTISCHER TIP

Die Gemüsezwiebel ist größer als normale Zwiebeln und milder im Geschmack. Im Gegensatz zu den üblichen Haushaltszwiebeln sind Gemüsezwiebeln nicht so lange lagerbar.

GETRÄNKETIP

Dazu schmeckt ein gut gekühltes Weizenbier.

CHILI CON CARNE

Infoblock

- Arbeitszeit: ca. 10 Minuten
- Garzeit: ca. 17 Minuten
- 2 Portionen
- ca. 650 kcal je Portion

Zutaten

1 EL Olivenöl
1 Zwiebel
200 g gemischtes Hackfleisch
1 kleines Päckchen TK-Suppengrün
⅛ l Sangrita Picante
⅛ l Bratensauce (aus Instantpulver zubereitet)
1 Dose Kidneybohnen (ca. 400 g)
1 TL Paprikapulver edelsüß
1 Prise Chilipulver
1 TL gerebeltes Bohnenkraut
3 EL Crème fraîche
Salz, Pfeffer
½ Bund Schnittlauch

1 Das Olivenöl in ein Mikrowellengeschirr geben. Die Zwiebel schälen, fein würfeln und dazugeben. Die Zwiebelwürfel im Fett zugedeckt bei 100% 3 Minuten garen.

2 Das Hackfleisch dazufügen und alles zugedeckt bei 75% weitere 5 Minuten garen.

3 Das Suppengrün zum Fleisch geben und die Sangrita Picante und die Bratensauce angießen. Die Kidneybohnen in ein Sieb geben, abspülen und anschließend hinzufügen. Alles mit dem Paprikapulver, dem Chilipulver und dem Bohnenkraut würzen und gut durchmischen.

4 Das Chili zugedeckt bei 75% 6 Minuten garen. Danach die Crème fraîche darunterrühren und das Ganze mit Salz und Pfeffer abschmecken. Das Gericht danach noch einmal zugedeckt bei 100% 3 Minuten garen.

5 Den Schnittlauch waschen, trockentupfen und in feine Röllchen schneiden. Das Chili in 2 tiefe Teller geben und mit dem Schnittlauch bestreut servieren.

BEILAGENTIP

Dazu schmeckt Weizentoast, dünn mit Butter bestrichen, oder ein deftiges Bauernbrot.

REZEPTVARIATIONEN

- Probieren Sie dieses Gericht auch einmal mit den etwas schärferen Chilibohnen oder etwas milderen weißen Bohnen. Die Menge der Bohnen bleibt jeweils gleich.
- Ganz originalgetreu wird das Rezept, wenn Sie zusätzlich 1 grüne Paprika in Würfeln dazufügen. Geben Sie die Paprikastücke zusammen mit den Bohnen zum Gericht, und garen Sie alles wie beschrieben weiter.

PRAKTISCHE TIPS

- Wenn es noch schneller gehen soll, können Sie die Gewürze durch 1 Beutel Fertiggewürzmischung für Chili con carne ersetzen. Weitere Gewürzzugaben sind dann nicht mehr notwendig
- Schnittlauch wird auch tiefgefroren und schon geschnitten angeboten. Er läßt sich einfach portionsweise entnehmen und das Gericht ist noch schneller zuzubereiten.

GETRÄNKETIP

Dazu schmeckt ein mexikanisches Bier und ein Tequila.

SÜSS-SAURER FISCHTOPF

Infoblock

- **Arbeitszeit: ca. 20 Minuten**
- **Garzeit: ca. 14 Minuten**
- **2 Portionen**
- **ca. 380 kcal je Portion**

Zutaten

1 EL Butter oder Margarine
1 Zwiebel
½ rote Paprikaschote
½ grüne Paprikaschote
2 Scheiben Ananas (aus der Dose)
4 EL Weißwein
300 g Goldbarschfilet
Saft von ½ Zitrone
Salz, Pfeffer aus der Mühle
4 EL Chiliketchup
⅛ l Bratensauce (aus Instantpulver zubereitet)
1 EL Honig
2 EL Weinessig
2 EL Sojasauce
1 TL Worcestersauce

1 Die Butter oder die Margarine in ein Mikrowellengeschirr geben. Die Zwiebel schälen und fein würfeln. Die Paprikaschoten waschen, putzen, entkernen und die weißen Zwischenwände entfernen. Das Fruchtfleisch in Streifen schneiden. Die Ananasscheiben in kleine Stücke schneiden.

2 Das Gemüse und das Obst zu dem Fett geben. Den Weißwein angießen und alles zugedeckt bei 100% 3 Minuten garen.

3 Inzwischen das Goldbarschfilet waschen, trockentupfen und in etwa 2 cm große Würfel schneiden. Diese mit dem Zitronensaft beträufeln und mit Salz und Pfeffer würzen.

4 Die Fischwürfel zu dem Gemüse geben und alles zugedeckt bei 75% 8 Minuten garen.

5 Aus Ketchup, Bratensauce, Honig, Weinessig, Sojasauce und Worcestersauce eine Sauce rühren und diese über die Fischstücke gießen.

6 Den Fischtopf zugedeckt bei 100% 3 Minuten garen. Ihn anschließend auf 2 Tellern anrichten und sofort servieren.

BEILAGENTIP

Zu diesem asiatischen Gericht paßt Basmatireis (100 g Trockengewicht) mit etwas frischem Koriander vermischt.

REZEPTVARIATION

Statt der Ananas können Sie das Gericht auch mit anderen exotischen Obstsorten wie ½ Mango oder 1 Sternfrucht zubereiten. Etwas feingeschnittener Ingwer in der Würzsauce macht den Fischtopf noch pikanter.

PRAKTISCHER TIP

Kaufen Sie Fischfilet ruhig je nach Angebot. Bevorzugen Sie Fischsorten, die gerade reichlich auf dem Markt sind, denn sie sind häufig erheblich günstiger als ausgefallene Sorten.

GETRÄNKETIPS

Dazu paßt ein trockener französischer Weißwein, wie z.B. ein Chablis, oder ein Reiswein (Sake).

GEFÜLLTE PAPRIKASCHOTEN

Infoblock

- Arbeitszeit: ca.20 Minuten
- Garzeit: ca. 17 Minuten
- 2 Portionen
- ca. 680 kcal je Portion

Zutaten

2 große, grüne Paprikaschoten
200 g Bratwurstbrät
2 Zwiebeln
1 Ei
½ TL gerebelter Majoran
Salz, Pfeffer aus der Mühle
1 TL Paprikapulver rosenscharf
1–2 EL Semmelbrösel
50 g Schinkenspeck
1 EL Butter oder Margarine
3 EL Tomatenmark
⅛ l Bratensauce (aus Instantpulver zubereitet)
1 kleine Dose geschälte Tomaten (à ca. 420 g)
1 TL gerebelter Oregano

1 Die Paprikaschoten waschen, putzen und die Deckel abschneiden. Die Kerngehäuse herauslösen, die Schoten auswaschen und anschließend trockentupfen.

2 Das Bratwurstbrät in eine Schüssel geben. 1 Zwiebel schälen, fein würfeln und zusammen mit dem Ei zu der Brätmasse hinzufügen. Das Ganze anschließend gut durchmischen und mit Majoran, Salz, Pfeffer und Paprika würzen.

3 Die Semmelbrösel zu der Masse geben und alles noch einmal durchkneten. Die Paprikaschoten danach mit der Masse füllen.

4 Den Speck in kleine Würfel schneiden. Ihn zusammen mit der Butter oder der Margarine in ein Mikrowellengeschirr geben und zugedeckt bei 100% 3 Minuten garen.

5 Die andere Zwiebel schälen, fein würfeln und zu dem Speck und dem Fett geben, die Bratensauce und die geschälten Tomaten dazufügen und darunterrühren.

6 Die Paprikaschoten in die Sauce setzen und alles zugedeckt bei 75% 14 Minuten garen. Die Sauce anschließend mit Salz, Pfeffer und Oregano abschmecken.

7 Die gefüllten Paprikaschoten auf 2 Teller geben und zusammen mit der Sauce anrichten.

BEILAGENTIP

Servieren Sie dazu eine Reis-Wildreis-Mischung (100 g Trockengewicht) oder frisches Baguette.

REZEPTVARIATION

Sie können das Gericht noch kalorienärmer zubereiten, wenn Sie anstelle des Bratwurstbräts 200 g Rinderhack verwenden.

PRAKTISCHER TIP

Probieren Sie anstelle des normalen Tomatenmarks einmal Tomatenmark mit Würzgemüse aus der Tube. Es ist schon leicht vorgewürzt, und Sie erleichtern sich so das Abschmecken der Sauce etwas.

GETRÄNKETIP

Hierzu paßt ein italienischer Rotwein, z.B. ein italienischer Barolo.

FRÜHLINGSZWIEBELN IN KÄSESOSSE

Infoblock

- Arbeitszeit: ca. 20 Minuten
- Garzeit: ca. 18 Minuten
- 2 Portionen
- ca. 630 kcal je Portion

Zutaten

100 g Schinkenspeck
1 EL Butter oder Margarine
2 Bund Frühlingszwiebeln
100 g Champignons
Saft von ½ Zitrone
2 Tomaten
6 EL Weißwein
Salz, Pfeffer aus der Mühle
1 Prise geriebene Muskatnuß
⅛ l helle Sauce (aus Instantpulver zubereitet)
4 EL Crème fraîche
100 g Bel Paese (italienischer Weichkäse)
2 Zweige Basilikum

GETRÄNKETIP

Dazu paßt ein gut gekühltes Bier, z.B. ein Pils.

1 Den Schinkenspeck fein würfeln und zusammen mit der Butter oder der Margarine in ein Mikrowellengeschirr geben. Ihn darin zugedeckt bei 100% 3 Minuten garen.

2 Die Frühlingszwiebeln waschen, putzen und in 2 bis 3 cm große Stücke schneiden. Die Champignons putzen, vorsichtig waschen, trockentupfen und in Scheiben schneiden. Beides zum Speck geben und mit dem Zitronensaft beträufeln.

3 Die Tomaten über Kreuz einritzen, für etwa 15 Sekunden in kochendes Wasser geben, abschrecken und enthäuten. Sie dann entkernen, die Stielansätze herausschneiden und das Fruchtfleisch in kleine Würfel schneiden. Diese zu dem Gemüse geben. Den Weißwein angießen und alles zugedeckt bei 100% 9 Minuten garen.

4 Das Ganze mit Salz, Pfeffer und Muskat abschmecken, die helle Sauce und die Crème fraîche dazugeben und alles verrühren.

5 Den Bel Paese kleinschneiden, auf das Gemüse streuen und das Gericht zugedeckt bei 100% nochmals 6 Minuten garen.

6 In der Zwischenzeit das Basilikum waschen, trockentupfen und die Blätter abzupfen. Diese in feine Streifen schneiden. Die Frühlingszwiebeln auf 2 Teller geben und mit dem geschnittenen Basilikum garnieren.

BEILAGENTIP

Dazu passen Salzkartoffeln oder bunte Nudeln (100 g Trockengewicht).

REZEPTVARIATION

Wer einen etwas milderen Geschmack bevorzugt, verwendet statt des Schinkenspecks 100 g gekochten Schinken und tauscht den Bel Paese gegen 100 g geriebenen Emmentaler aus.

PRAKTISCHE TIPS

- **Je schärfer das Messer ist, mit dem Sie die Zwiebeln schneiden, desto weniger ätherische Öle treten aus, und Ihre Augen tränen nicht so sehr.**
- **Falls Ihr Mikrowellengerät über eine Grillfunktion verfügt, öffnen Sie das Geschirr 3 Minuten vor Ende der Garzeit, und garen Sie das Gericht bei zugeschaltetem Grill fertig.**

HÄHNCHENKEULEN IN ROTWEIN

Infoblock

- Arbeitszeit: ca. 20 Minuten
- Garzeit: ca. 17 Minuten
- 2 Portionen
- ca. 530 kcal je Portion

Zutaten

2 Hähnchenschenkel
(à ca. 250 g)
2 EL Sonnenblumenöl
½ TL gerebelter Thymian
1/4 TL gemahlener Rosmarin
½ TL Paprikapulver rosenscharf
1 Msp. gemahlener Pfeffer
50 g Frühstücksspeck
1 Zwiebel
1 Karotte
1 kleine rote Paprikaschote
1 Lorbeerblatt
⅛ l Rotwein
⅛ l Bratensauce (aus Instantpulver zubereitet)
½ Bund Petersilie
2 EL saure Sahne

GETRÄNKETIP

Dazu schmeckt ein kräftiger, französischer Rotwein, z.B. ein Burgunder.

1 Die Geflügelteile waschen und trockentupfen. Die Haut mit einer Nadel mehrmals einstechen.

2 Das Sonnenblumenöl mit Thymian, Rosmarin, Paprikapulver und Pfeffer verrühren. Die Hähnchenkeulen mit dieser Mischung rundherum bestreichen oder einpinseln.

3 Das Fleisch in ein Mikrowellengeschirr geben und darin zugedeckt bei 100% 6 Minuten garen.

4 Inzwischen den Frühstücksspeck fein würfeln. Die Zwiebel und die Karotte schälen und ebenfalls fein würfeln. Die Paprikaschote waschen, putzen, die Kerne und die weißen Rippen entfernen und das Fruchtfleisch in feine Streifen schneiden.

5 Das Gemüse zusammen mit dem Lorbeerblatt zu den Hähnchenkeulen geben. Den Rotwein und die Bratensauce angießen und alles noch einmal zugedeckt bei 75% 11 Minuten garen. In der Zwischenzeit die Petersilie waschen, trockentupfen und fein hacken.

6 Das Fleisch aus dem Mikrowellengeschirr herausnehmen und zugedeckt warmhalten. Die saure Sahne unter das Gemüse mischen. Die Hähnchenkeulen auf 2 Tellern anrichten und mit dem Gemüsesud begießen. Sie mit der Petersilie bestreut servieren.

BEILAGENTIPS

- **Dazu schmecken am besten Salzkartoffeln (etwa 300 g), leicht in Butter geschwenkt.**
- **Ganz klassisch ißt man dieses Gericht mit Baguette.**

REZEPTVARIATION

Sie können dieses Gericht im Winter mit kräftigem Gemüse wie Rosenkohl und Wirsing zubereiten. Tauschen Sie dazu die Karotte und die Paprikaschote gegen je 150 g Rosenkohl und Wirsing aus. Das Gemüse wird geputzt, die Rosenkohlröschen halbiert und der Wirsing grob geschnitten. Das Gericht wird wie beschrieben zubereitet, die Garzeiten ändern sich nicht.

PRAKTISCHER TIP

Wenn Ihr Mikrowellengerät über eine Grillfunktion verfügt, öffnen Sie das Mikrowellengeschirr etwa 3 Minuten vor Ende der Garzeit und schalten den Grill dazu.

Herzhafter Rippchentopf

Infoblock

- Arbeitszeit: ca. 15 Minuten
- Garzeit: ca. 15 Minuten
- 2 Portionen
- ca. 850 kcal je Portion

Zutaten

1 EL Butterschmalz
1 Zwiebel
100 g Dörrfleisch
1 Dose Weinsauerkraut (ca. 400 g)
2 EL Weißwein
⅛ l Gemüsebrühe (aus Instantpulver zubereitet)
½ TL Zucker
½ TL Paprikapulver edelsüß
1 Lorbeerblatt
1 Nelke
2 gekochte Rippchen (à ca. 200 g)
schwarzer Pfeffer aus der Mühle
1 Prise Rauchsalz

1 Das Butterschmalz in ein Mikrowellengeschirr geben. Die Zwiebel schälen, fein würfeln und das Dörrfleisch ebenfalls in kleine Würfel schneiden. Beides zu dem Fett geben und darin zugedeckt bei 100% 3 Minuten garen.

2 Das Sauerkraut zusammen mit dem Weißwein und der Gemüsebrühe dazufügen. Den Zucker und das Paprikapulver in die Flüssigkeit einrühren. Das Lorbeerblatt und die Nelke ebenfalls in den Sud geben.

3 Das Ganze zugedeckt bei 100% 8 Minuten garen. In der Zwischenzeit mit einem scharfen Messer das Rippchenfleisch von den Knochen lösen.

4 Das Lorbeerblatt und die Nelke aus dem Sauerkraut entfernen. Das Fleisch auf das Kraut legen und mit etwas Sauerkraut bedecken. Alles noch einmal 4 Minuten bei 100% garen.

5 Das Ganze anschließend mit dem Pfeffer und dem Rauchsalz abschmecken. Die Rippchen und das Sauerkraut auf 2 Teller geben und sofort servieren.

BEILAGENTIP

Dazu passen Kartoffelpüree oder Salzkartoffeln (jeweils aus etwa 300 g Kartoffeln oder Püree aus Fertigpulver zubereitet).

REZEPTVARIATION

Anstelle der Rippchen können Sie auch geräuchertes Kassler oder Fleischwurst (jeweils etwa 300 g) für dieses Gericht verwenden.

PRAKTISCHER TIP

Dieses Gericht läßt sich auch sehr gut aufwärmen. Es wird geschmacklich sogar noch intensiver.

GETRÄNKETIP

Dazu schmeckt ein gut gekühltes Pils oder ein trockener Weißwein, z.B. ein Edelzwicker aus dem Elsaß.

KABELJAU IN SAFRANRAHM

Infoblock

- Arbeitszeit: ca. 15 Minuten
- Garzeit: ca. 14 Minuten
- 2 Portionen
- ca. 280 kcal je Portion

Zutaten

300 g Kabeljaufilet
Saft von 1 Zitrone
Salz, Pfeffer aus der Mühle
1 EL Butter oder Margarine
1 Zwiebel
1 Stange Lauch
⅛ l Fischfond (aus dem Glas)
4 EL Weißwein
1 Döschen Safranpulver (0,1 g)
1 Prise geriebene Muskatnuß
2 EL Crème fraîche
½ Bund Dill

1 Das Kabeljaufilet waschen und trockentupfen. Es in 2 Stücke zerteilen, mit dem Zitronensaft beträufeln und mit Salz und Pfeffer kräftig würzen.

2 Die Butter oder die Margarine in ein Mikrowellengeschirr geben. Die Zwiebel schälen und fein würfeln. Den Lauch waschen, putzen und in Scheiben schneiden. Das Gemüse zu dem Fett geben und alles zugedeckt bei 100% 3 Minuten garen.

3 Den Fischfond und den Weißwein angießen und alles mit Safran und Muskat würzen. Das Fischfilet in die Sauce legen und zugedeckt bei 75% 8 Minuten darin garen.

4 Die Crème fraîche in die Sauce rühren und diese mit Salz und Pfeffer abschmecken. Alles noch einmal zugedeckt bei 100% 3 Minuten garen. In der Zwischenzeit den Dill waschen, trockentupfen und fein schneiden.

5 Den Fisch aus der Sauce nehmen und auf 2 Tellern anrichten. Die Sauce über die Fischfiletstücke gießen, alles mit dem feingeschnittenen Dill bestreuen und sofort servieren.

BEILAGENTIP

Dazu schmecken in Butter geschwenkte Salzkartoffeln (aus 300 g Kartoffeln) oder Basmatireis (Trockengewicht 100 g).

REZEPTVARIATION

Sehr edel wird dieses Gericht, wenn Sie anstelle des Kabeljaufilets 4 Schollen- oder Seezungenfilets verwenden. Die Garzeit und die Zubereitung ändern sich dadurch nicht.

PRAKTISCHER TIP

Wählen Sie ein ausreichend großes Mikrowellengeschirr. Die Fischstücke sollten beim Garen nebeneinander liegen.

GETRÄNKETIP

Dazu schmeckt ein trockener italienischer Weißwein, z.B. ein Orvieto.

CHAMPAGNERBRÜSTCHEN MIT PFEFFERKIRSCHEN

Infoblock

- **Arbeitszeit: ca. 15 Minuten**
- **Garzeit: ca. 23 Minuten**
- **2 Portionen**
- **ca. 460 kcal je Portion**

Zutaten

2 Hähnchenbrustfilets (à ca. 150 g)
2 EL Weinbrand
1 Zwiebel
1 EL Butter oder Margarine
⅛ l Champagner
½ TL gerebelter Thymian
Salz, Pfeffer aus der Mühle
1 TL Speisestärke
6 EL Sahne
100 g entsteinte Sauerkirschen (aus dem Glas)
1 EL grüne Pfefferkörner (in Lake eingelegt)
1 EL Honig
einige Tropfen Zitronensaft
2 Zweige Pfefferminze

1 Die Hähnchenbrustfilets waschen und trockentupfen. Sie in eine Schüssel geben, mit dem Weinbrand beträufeln und im Kühlschrank über Nacht zugedeckt marinieren.

2 Die Zwiebel schälen und fein würfeln. Die Zwiebelwürfel zusammen mit der Butter oder der Margarine in ein Mikrowellengeschirr geben. Die Hähnchenbrustfilets dazufügen und den Champagner angießen. Das Ganze mit Thymian, Salz und Pfeffer würzen und zugedeckt bei 75% 15 Minuten garen.

3 Die Speisestärke mit der Sahne verrühren und in die Sauce geben. Die Sauerkirschen, die Pfefferkörner und den Honig unterheben. Alles zugedeckt 8 Minuten bei 100% garen.

4 Das Fleisch aus der Flüssigkeit nehmen und zugedeckt warmhalten. Die Sauce mit Salz, Pfeffer und Zitronensaft kräftig abschmecken.

5 Die Kräuter waschen und trockentupfen. Die Hähnchenbrustfilets auf 2 Tellern anrichten, etwas Sauce darübergeben und das Ganze mit Pfefferminzzweigen garniert servieren.

BEILAGENTIPS

Servieren Sie zu diesem edlen Gericht Kroketten (etwa 300 g) oder Rösti (etwa 250 g).

REZEPTVARIATION

Noch exotischer wird das Gericht, wenn Sie die Sauerkirschen gegen 100 g Mangowürfel oder Orangenfilets austauschen. Geben Sie diese in Schritt 3 zu dem Fleisch, und garen Sie das Gericht wie angegeben fertig.

PRAKTISCHER TIP

Wenn Ihr Mikrowellengerät über eine Grillfunktion verfügt, öffnen Sie das Mikrowellengeschirr etwa 3 Minuten vor Ende der Garzeit und schalten den Grill dazu.

GETRÄNKETIP

Zu diesem Gericht paßt ein Glas trockener Champagner oder trockener Sekt.

BUNTES WÜRSTCHENGULASCH

Infoblock

- Arbeitszeit: ca. 20 Minuten
- Garzeit: ca. 13 Minuten
- 2 Portionen
- ca. 490 kcal je Portion

Zutaten

1 EL Olivenöl
1 Zwiebel
1 Knoblauchzehe
½ rote Paprikaschote
½ grüne Paprikaschote
½ gelbe Paprikaschote
⅛ l Fleischbrühe (aus Instantpulver zubereitet)
2 EL Rotwein
4 Wiener Würstchen (ca. 200 g)
4 EL Tomatenmark
1 TL Paprikapulver edelsüß
1 TL grüne Pfefferkörner (in Lake eingelegt)
1 kleine Dose Erbsen (ca. 200 g)
½ Bund Schnittlauch
2 EL saure Sahne

1 Das Olivenöl in ein Mikrowellengeschirr geben. Die Zwiebel und die Knoblauchzehe schälen und fein würfeln. Beides im Fett zugedeckt bei 100% 3 Minuten garen.

2 In der Zwischenzeit die Paprikaschoten waschen, putzen, die Kerne und die weißen Rippen entfernen und das Fruchtfleisch in feine Streifen schneiden. Die Paprikastreifen zusammen mit der Fleischbrühe und dem Rotwein in das Mikrowellengeschirr geben und alles zugedeckt bei 100% 5 Minuten garen.

3 Inzwischen die Würstchen in dünne Scheiben schneiden. Das Tomatenmark, das Paprikapulver und die Pfefferkörner unter das Paprikagemüse mischen und die Würstchenscheiben hinzufügen.

4 Die Erbsen in einem Sieb gut abtropfen lassen und zu dem Gemüse und der Wurst hinzufügen. Alles gut durchmischen und noch einmal zugedeckt bei 100% 5 Minuten garen.

5 Den Schnittlauch waschen, trockentupfen und in feine Röllchen schneiden. Das Gulasch auf 2 Teller geben, mit je 1 Eßlöffel saurer Sahne garnieren und mit dem Schnittlauch bestreut servieren.

BEILAGENTIP

Dazu passen grüne Bandnudeln (100 g Trockengewicht).

REZEPTVARIATIONEN

- **Wenn Sie das Gulasch geschmacklich etwas kräftiger mögen, tauschen Sie die Wiener Würstchen durch 2 Rindswürste aus.**
- **Einen mexikanischen Chilitopf können Sie mit diesem Rezept zubereiten, indem Sie 200 g Hackfleisch mit den Zwiebelwürfeln vermischen und wie im Rezept beschrieben garen. Tauschen Sie die Erbsen gegen 200 g Kidneybohnen aus, und garen Sie alles nach der Anleitung. Das Gericht wird mit Baguette oder Reis serviert.**

GETRÄNKETIP

Dazu schmeckt gut gekühltes Bier, z.B. Altbier, Weizenbier oder Pils.

FARMERAUFLAUF

Infoblock

- Arbeitszeit: ca. 20 Minuten
- Garzeit: ca. 15 Minuten
- 2 Portionen
- ca.1040 kcal je Portion

Zutaten

1 EL Butter oder Margarine
2 Zwiebeln
50 g Schinkenspeck
200 g Kartoffeln
1 kleines Päckchen TK-Suppengrün
450 g gemischtes TK-Gemüse (z.B. Bauerngemüse)
2 EL Tomatenmark
4 EL Weißwein
Salz, Pfeffer aus der Mühle
½ TL Currypulver
2 Tropfen Tabasco
1 Paar Debreczinerwürstchen (ca. 100 g)
6 EL saure Sahne
1 Ei
100 g geriebener Emmentaler
½ Bund Schnittlauch

---

1 Die Butter oder die Margarine in ein Mikrowellengeschirr geben. Die Zwiebeln schälen, zusammen mit dem Bauchspeck in kleine Würfel schneiden. Beides zu dem Fett geben und darin zugedeckt bei 100% 3 Minuten garen.

---

2 In der Zwischenzeit die Kartoffeln waschen, schälen und in kleine Würfel schneiden. Diese zusammen mit dem Suppengrün und dem Gemüse zu dem Speck und den Zwiebelwürfeln geben.

---

3 Das Tomatenmark mit dem Weißwein verrühren und die Mischung über das Gemüse gießen. Alles mit Salz, Pfeffer, Currypulver und Tabasco würzen. Das Ganze zugedeckt bei 100% 6 Minuten garen.

---

4 Währenddessen die Debrecziner in Scheiben schneiden und die saure Sahne mit dem Ei und dem Käse vermischen.

---

5 Die Würstchenscheiben auf das Gemüse legen und mit der Sahne-Käse-Mischung übergießen. Das Ganze noch einmal zugedeckt bei 100% 6 Minuten garen.

---

6 Inzwischen den Schnittlauch waschen, trockentupfen und in feine Röllchen schneiden. Den Farmerauflauf auf 2 Tellern anrichten und mit Schnittlauch bestreut servieren.

BEILAGENTIP

Zu diesem kräftigen Gericht paßt ein Tomatensalat mit Frühlingszwiebeln oder ein Endiviensalat.

REZEPTVARIATION

Wenn Sie dieses Gericht etwas kalorienärmer zubereiten möchten, tauschen Sie die Debreczinerwürstchen durch Putenbrust oder eine Geflügelwurst aus.

PRAKTISCHER TIP

Wenn Ihr Mikrowellengerät über eine Grillfunktion verfügt, öffnen Sie das Mikrowellengeschirr etwa 3 Minuten vor Ende der Garzeit und schalten den Grill dazu.

GETRÄNKETIP

Dazu paßt ein gut gekühltes Pils.

RINDERCARPACCIO MIT GEMÜSE

Infoblock

- Arbeitszeit: ca. 40 Minuten
- Kühlzeit: ca. 2 Stunden
- Garzeit: ca. 14 Minuten
- 2 Portionen
- ca. 410 kcal je Portion

Zutaten

200 g Rinderfilet
3 EL Rotwein
2 EL Estragonessig
2 EL Olivenöl
1 Zwiebel
1 TL grüne Pfefferkörner (in Lake eingelegt)
1 EL gehackter Schnittlauch
1 EL gehackte Petersilie
Saft von ½ Zitrone
Salz, Pfeffer aus der Mühle
1 mittelgroße Aubergine (ca. 200 g)
Salz
1 Zwiebel
1 kleine Zucchini
1 kleine rote Paprikaschote
1 EL Butter oder Margarine
1 Knoblauchzehe
4 EL Weißwein
⅛ l Fleischbrühe (aus Instantpulver zubereitet)
2 Tomaten
1 Prise geriebene Muskatnuß
2 Zweige Zitronenmelisse

1 Das Rinderfilet in Klarsichtfolie einschlagen und für etwa 1 Stunde in das Gefrierfach legen und anfrieren lassen.

2 In der Zwischenzeit den Rotwein mit dem Estragonessig und dem Olivenöl in einer Schüssel verrühren. Die Zwiebel schälen, fein würfeln, zusammen mit den Pfefferkörnern und den Kräutern zu der Marinade geben und alles vermischen. Das Ganze mit Zitronensaft, Salz und Pfeffer aus der Mühle kräftig würzen.

3 Das Rinderfilet aus dem Tiefkühlfach herausnehmen und mit einem sehr scharfen, großen Messer oder einer elektrischen Aufschnittmaschine in hauchdünne Scheiben schneiden. Diese vorsichtig in die Marinade geben und zugedeckt 1 Stunde im Kühlschrank durchziehen lassen.

4 In der Zwischenzeit die Aubergine waschen und in etwa 1 cm große Würfel schneiden. Diese salzen und etwa 15 Minuten ziehen lassen.

5 Die Zucchini und die Paprikaschote waschen, putzen und das Fruchtfleisch ebenfalls in kleine Würfel schneiden. Die Auberginenwürfel mit Küchenpapier trockentupfen. Die Butter oder Margarine in ein Mikrowellengeschirr geben. Die Knoblauchzehe schälen, fein hacken und zusammen mit dem Gemüse zu dem Fett geben.

6 Den Weißwein und die Fleischbrühe angießen und alles zugedeckt bei 75% 10 Minuten garen.

7 Inzwischen die Tomaten über Kreuz einritzen, für etwa 15 Sekunden in kochendes Wasser geben, abschrecken und enthäuten. Anschließend die Stielansätze und die Kerne entfernen und das Fruchtfleisch in kleine Würfel schneiden. Diese nach dem Ende der Garzeit zu dem Gemüse geben. Das Ganze mit Salz, Pfeffer und Muskat abschmecken.

8 Das Gemüse noch einmal zugedeckt bei 100% 4 Minuten garen. Die Melisse waschen und trockentupfen. Die Gemüsebeilage auf 2 Tellern anrichten. Die Fleischscheiben aus der Marinade nehmen und um die Gemüsewürfel herum anrichten. Alles mit der Zitronenmelisse garnieren und servieren.

PRAKTISCHER TIP

Wenn Sie dieses Gericht als Vorspeise servieren möchten, ergibt die angegebene Zutatenmenge 4 Portionen.

REZEPTVARIATION

Wenn Sie kein rohes Fleisch mögen, verwenden Sie für dieses edle Gericht 150 g Bündner Fleisch (vom Metzger hauchdünn aufgeschnitten). Dieses wird jedoch nicht mariniert, sondern direkt auf den Tellern angerichtet und lediglich mit der Marinade beträufelt.

BEILAGENTIP

Dazu schmeckt Baguette mit etwas Salzbutter.

GETRÄNKETIP

Dazu paßt ein fruchtiger französischer Rotwein, z.B. ein Beaujolais.

MINESTRONE

Infoblock

- **Arbeitszeit: ca. 25 Minuten**
- **Garzeit: ca. 23 Minuten**
- **2 Portionen**
- **ca. 380 kcal je Portion**

Zutaten

50 g magerer Schinken
1 EL Butter oder Margarine
1 Zwiebel
1 Karotte
1 Stange Lauch
3 Tomaten
1 kleine Zucchini
150 g Erbsen (frisch oder TK-Produkt)
150 g grüne Bohnen (frisch oder TK-Produkt)
2 EL Weißwein
1 Lorbeerblatt
½ l Fleischbrühe (aus Instantpulver zubereitet)
1 TL Basilikum
1 TL Oregano
100 g gekochter Reis
Salz, Pfeffer aus der Mühle
1 Msp. Cayennepfeffer
2 EL geriebener Parmesan
½ Bund Petersilie

GETRÄNKETIP

Dazu schmeckt ein leichter, fruchtiger Chianti.

1 Den Schinken in kleine Würfel schneiden. Diese zusammen mit der Butter oder Margarine in ein Mikrowellengeschirr geben und zugedeckt bei 100% 3 Minuten garen.

2 Die Zwiebel und die Karotte schälen und würfeln. Den Lauch waschen, putzen und kleinschneiden. Die Zucchini waschen und in dünne Scheiben schneiden. Die Erbsen und die Bohnen eventuell waschen und putzen. Die Erbsen enthülsen, die Bohnen halbieren. Das TK-Gemüse etwas antauen lassen.

3 Gemüse, Weißwein, Lorbeerblatt und Fleischbrühe zu dem Schinken geben und alles zugedeckt bei 100% 15 Minuten garen.

4 In der Zwischenzeit die Tomaten über Kreuz einritzen, für etwa 15 Sekunden in kochendes Wasser geben, abschrecken und enthäuten. Sie dann achteln und die Stielansätze und die Kerne entfernen.

5 Die Suppe mit dem Basilikum und dem Oregano würzen, den Reis hineingeben, mit Salz, Pfeffer und Cayennepfeffer kräftig abschmecken und alles bei 100% noch einmal 5 Minuten erhitzen.

6 Inzwischen die Petersilie waschen, trockentupfen und fein hacken. Die Minestrone mit dem Parmesan und der Petersilie bestreut servieren.

BEILAGENTIP

Dazu paßt in Scheiben geschnittenes Baguette, dünn mit Kräuterbutter bestrichen.

REZEPTVARIATION

Wenn Sie die Suppe gerne etwas schärfer mögen, probieren Sie die mexikanische Variante. Tauschen Sie die grünen Bohnen gegen 150 g rote Bohnen (aus der Dose) und 1 in feine Würfel geschnittene rote Chilischote aus, und schmecken Sie die Suppe kräftig mit Tabasco ab.

PRAKTISCHER TIP

Wenn Sie sich die Arbeit sehr erleichtern möchten, können Sie die Minestrone überwiegend aus tiefgefrorenem Gemüse zubereiten. Zum Teil sind auch italienische Gemüsemischungen im Angebot. Achten Sie bei diesen Fertigprodukten jedoch darauf, ob sie stark gewürzt sind. In diesem Fall müssen Sie die angegebenen Gewürze verringern oder sogar weglassen.

PIKANTE KRAUTSUPPE

Infoblock

- Arbeitszeit: ca. 15 Minuten
- Garzeit: ca. 25 Minuten
- 2 Portionen
- ca. 440 kcal je Portion

Zutaten

1 EL Butter oder Margarine
1 Zwiebel
100 g Debreszinerwürstchen
1 kleine Dose Sauerkraut (ca. 400 g)
2 EL Tomatenmark
½ l Fleischbrühe (aus Instantpulver zubereitet)
1 TL Paprikapulver rosenscharf
¼ TL gerebelter Rosmarin
1 Prise gemahlener Kümmel
Pfeffer aus der Mühle
½ Bund Petersilie
2 EL saure Sahne

1 Die Butter oder die Margarine in ein Mikrowellengeschirr geben. Die Zwiebel schälen und fein würfeln. Die Würstchen in dünne Scheiben schneiden. Beides zusammen in das Geschirr geben.

2 Das Ganze zugedeckt bei 100% 5 Minuten garen.

3 Das Sauerkraut zerpflücken und hinzufügen. Das Tomatenmark und die Fleischbrühe miteinander verrühren und dazugeben. Alles mit Paprikapulver, Rosmarin, Kümmel und Pfeffer aus der Mühle würzen.

4 Die Suppe zugedeckt bei 75% 20 Minuten weitergaren. In der Zwischenzeit die Petersilie waschen, trockentupfen und fein hacken.

5 Die Krautsuppe nach Ende der Garzeit in 2 tiefe Teller geben. Sie mit je 1 Eßlöffel saurer Sahne garnieren und mit Petersilie bestreut servieren.

BEILAGENTIP

Dazu schmeckt kräftig gebackenes Bauernbrot, dünn mit Griebenschmalz bestrichen und mit etwas Salz und Pfeffer gewürzt.

REZEPTVARIATION

Besonders fein schmeckt dieses Gericht, wenn Sie zusätzlich 4 Eßlöffel Sekt oder Champagner in die Brühe geben.

PRAKTISCHER TIP

Falls Sie einige gekochte Kartoffeln, z.B. vom Vortag, haben, können Sie diese in etwa 2 cm große Würfel schneiden und in die Suppe geben. Fügen Sie sie 4 Minuten vor Ende der Garzeit in Schritt 4 dazu, und erhitzen Sie sie 4 Minuten mit.

GETRÄNKETIPS

Dazu schmeckt ein Apfelwein oder ein gut gekühltes Bier.

LINSENSUPPE MIT GEFLÜGELWÜRSTCHEN

Infoblock

- Arbeitszeit: ca. 15 Minuten
- Garzeit: ca. 23 Minuten
- Quellzeit: ca. 12 Stunden
- 2 Portionen
- ca. 370 kcal je Portion

Zutaten

100 g Linsen (getrocknet)
1 EL Butter oder Margarine
1 Zwiebel
1 kleines Päckchen TK-Suppengrün
½ l Fleischbrühe (aus Instantpulver zubereitet)
1 Lorbeerblatt
1 Nelke
Salz, Pfeffer aus der Mühle
1 Paar Geflügelwürstchen (ca. 100 g)
½ Bund Schnittlauch
1 TL Weinessig

1 Die Linsen in etwa 1 l kaltem Wasser über Nacht einweichen. Das Einweichwasser vor der Zubereitung am nächsten Tag abgießen.

2 Die Butter oder die Margarine in ein Mikrowellengeschirr geben. Die Zwiebel schälen und fein würfeln. Die Zwiebelwürfel anschließend zusammen mit dem Suppengrün zu dem Fett geben.

3 Die Linsen zu dem Gemüse hinzufügen und die Fleischbrühe angießen. Das Lorbeerblatt und die Nelke in die Brühe geben und alles salzen und pfeffern. Die Suppe zugedeckt bei 100% 18 Minuten garen.

4 In der Zwischenzeit die Geflügelwürstchen in dünne Scheiben schneiden.

5 Die Wurstscheiben anschließend in die Suppe geben und alles noch einmal zugedeckt bei 100% 5 Minuten garen. 1 Minute vor Ende der Garzeit den Essig dazugeben und darunterrühren.

6 Den Schnittlauch waschen, trockentupfen und in feine Röllchen schneiden. Das Lorbeerblatt und die Nelke aus der Suppe entfernen und diese danach in 2 Teller geben und mit dem Schnittlauch bestreut servieren.

BEILAGENTIP

Dazu schmeckt sehr gut Vollkornbrot, dünn mit Kräuterfrischkäse bestrichen.

REZEPTVARIATION

Mit diesem Rezept können Sie auch eine Erbsensuppe zubereiten. Tauschen Sie die Linsen durch 100 g Erbsen aus. Diese werden wie die Linsen eingeweicht und zubereitet. Die Garzeit verlängert sich um etwa 6 Minuten.

GETRÄNKETIP

Dazu schmeckt ein dunkles Bier, z.B. ein Altbier.

LEONARD

GARNELEN IN KRÄUTERSAUCE

Infoblock

- **Arbeitszeit: ca. 20 Minuten**
- **Garzeit: ca. 14 Minuten**
- **Marinierzeit: ca. 10 Minuten**
- **2 Portionen**
- **ca. 360 kcal je Portion**

Zutaten

12 große Garnelenschwänze (ca. 300 g, geschält)
Saft von 1 Zitrone
5 EL Weißwein
Salz, Pfeffer aus der Mühle
1 EL TK-Kräuter der Provence (oder getrocknet)
1 EL Butter oder Margarine
2 Zwiebeln
2 EL Tomatenmark
⅛ l helle Sauce (aus Instantpulver zubereitet)
3 EL Crème fraîche
1 TL getrockneter Estragon
6 Tropfen Worcestersauce
1 EL Orangenlikör (z.B. Grand Marnier)

1 Die Garnelenschwänze waschen, trockentupfen und in eine Schüssel geben. Danach den Zitronensaft und den Weißwein angießen und sie darin für etwa 10 Minuten marinieren.

2 Die Garnelen aus der Marinade herausnehmen, salzen, pfeffern und mit den Kräutern der Provence bestreuen. Die Marinade aufbewahren.

3 Die Butter oder die Margarine in ein Mikrowellengeschirr geben. Die Zwiebeln schälen und sehr fein würfeln. Sie anschließend zu dem Fett geben und zugedeckt darin bei 100% 3 Minuten garen.

4 Das Tomatenmark, die helle Sauce und die Crème fraîche miteinander verrühren und anschließend zu den Zwiebeln und dem Fett geben.

5 Die Garnelen zusammen mit der Marinade in die Sauce geben und sie zugedeckt bei 75% 8 Minuten darin garen.

6 Die Sauce mit Estragon, Salz, Pfeffer, Worcestersauce und Orangenlikör pikant abschmecken. Alles anschließend noch einmal zugedeckt bei 100% 3 Minuten garen.

7 Die Garnelen in der Kräutersauce auf 2 Tellern anrichten.

BEILAGENTIPS

- **Dazu passen dünne Bratkartoffelscheiben (aus 300 g Kartoffeln) in 3 Eßlöffeln Öl goldgelb gebraten.**
- **Basmatireis (100 g Trockengewicht), mit 2 Eßlöffeln Mandelblättchen vermischt, schmeckt auch sehr gut zu den Garnelen.**

REZEPTVARIATION

Sie können dieses Rezept auch sehr gut mit Fischfiletwürfel (ca. 300 g) zubereiten. Tauschen Sie diese gegen die Garnelen aus, und garen Sie sie wie im Rezept beschrieben. Das Gericht wird so etwas günstiger und vor allem Kinder essen Fisch lieber als andere Meerestiere.

PRAKTISCHER TIP

Falls Sie Garnelen mit Schale gekauft haben, sollten Sie diese schälen. Brechen Sie dazu zuerst die Köpfe ab und lösen dann die Schale, indem Sie an den Füßchen beginnen und die Schalensegmente rund um den Rücken lösen. Diesen Vorgang führen Sie jeweils bis zum Schwanzende hin durch.

GETRÄNKETIP

Dazu paßt trockener Riesling aus dem Rheingau.

ÜBERBACKENER FENCHEL

Infoblock

- **Arbeitszeit: ca. 20 Minuten**
- **Garzeit: ca. 17 Minuten**
- **2 Portionen**
- **ca. 320 kcal je Portion**

Zutaten

2 mittelgroße Fenchelknollen (à ca. 170 g)
1/8 l Gemüsebrühe (aus Instantpulver zubereitet)
1 EL Butter oder Margarine
1 Lorbeerblatt
1 Zwiebel
1 Stange Lauch
75 g Mozzarella
1 kleines Ei
100 g Garnelen
Salz, Pfeffer aus der Mühle
½ TL Majoran
½ TL Oregano
1-2 EL Semmelbrösel
½ Bund Schnittlauch

1 Die Fenchelknollen waschen, putzen und halbieren. Das Fenchelgrün fein hacken und aufbewahren. Das Gemüse in ein Mikrowellengeschirr setzen, die Gemüsebrühe angießen und alles mit kleinen Butter- oder Margarineflöckchen belegen. Das Lorbeerblatt in die Gemüsebrühe geben.

2 Den Fenchel in der Brühe zugedeckt bei 75% 11 Minuten garen.

3 In der Zwischenzeit die Zwiebel schälen und fein würfeln. Den Lauch waschen, putzen und in Scheibchen schneiden. Den Mozzarella klein würfeln. Alles gut mit dem Ei und den Garnelen vermischen.

4 Das Ganze mit Salz, Pfeffer, Majoran und Oregano würzen und mit den Semmelbröseln binden. Diese Masse danach gleichmäßig auf den Fenchelhälften verteilen.

5 Das Gemüse noch einmal zugedeckt bei 75% 6 Minuten garen. In der Zwischenzeit den Schnittlauch waschen, trockentupfen und fein schneiden.

6 Den überbackenen Fenchel auf 2 Tellern anrichten und mit dem Schnittlauch und dem Fenchelgrün bestreut servieren.

BEILAGENTIP

Dazu schmecken Kartoffelpüree (aus 300 g Kartoffeln oder aus Instantpulver hergestellt) oder Kroketten (etwa 300 g).

REZEPTVARIATION

Dieses Gericht können Sie auch mit 150 g Fischfiletwürfeln anstatt der Garnelen zubereiten. Verfeinern Sie es vor dem Servieren mit 1 Eßlöffel Pernod oder Pastis.

PRAKTISCHER TIP

Wenn Ihre Mikrowelle über eine Grillfunktion verfügt, öffnen Sie das Mikrowellengeschirr 3 Minuten vor Ende der Garzeit und schalten Sie den Grill dazu.

GETRÄNKETIP

Dazu schmeckt ein leichter italienischer Weißwein, z.B. ein Frascati.

Hühnerfrikassee

Infoblock

- **Arbeitszeit: ca. 30 Minuten**
- **Garzeit: ca. 34 Minuten**
- **2 Portionen**
- **ca. 260 kcal je Portion**

Zutaten

2 Hähnchenbrustfilets (à ca. 150 g) ohne Haut
¼ l Hühnerbrühe (aus Instantpulver zubereitet)
1 Karotte
½ Zucchini
100 g Champignons
8 EL Weißwein
Salz, Pfeffer aus der Mühle
etwas Worcestersauce
1 EL Speisestärke
1 EL Crème fraîche
½ Bund Petersilie

GETRÄNKETIPS

- **Dazu paßt ein Weißwein, z.B. ein Pinot Grigio.**
- **Falls Sie lieber ein alkoholfreies Getränk zu dem Frikassee trinken möchten, eignet sich eine Apfelsaftschorle.**

1 Die Hähnchenbrustfilets waschen, trockentupfen und zusammen mit der Hühnerbrühe in ein Mikrowellengeschirr geben. Sie in der Flüssigkeit zugedeckt bei 100% 10 Minuten garen.

2 Das Fleisch anschließend in dem Geschirr wenden und zugedeckt weitere 8 Minuten bei 100% garen.

3 Die Filets danach aus der Brühe nehmen und etwas abkühlen lassen. Anschließend das Fleisch in etwa 3 cm große Stücke schneiden.

4 Die Karotte waschen, putzen, schälen und in dünne Scheiben schneiden. Die Scheiben in der Brühe zugedeckt etwa 5 Minuten bei 75% garen.

5 In der Zwischenzeit die Zucchini und die Champignons waschen, putzen und in Scheiben schneiden. Die Gemüsescheiben zu den Möhren geben, den Weißwein angießen und alles bei 100% noch 7 Minuten zugedeckt garen.

6 Die Sauce mit Salz, Pfeffer und der Worcestersauce abschmecken. Die Speisestärke mit 1-2 Eßlöffeln kaltem Wasser anrühren und anschließend in die Sauce geben. Die Crème fraîche und die Hähnchenstücke dazufügen und alles gut durchmischen.

7 Das Frikassee bei 100% zugedeckt 4 Minuten garen. In der Zwischenzeit die Petersilie waschen, trockentupfen und fein hacken. Das fertige Gericht auf 2 Teller geben und mit der Petersilie bestreut servieren.

BEILAGENTIP

Dazu paßt Kräuterreis (100 g Rohgewicht) oder ein kerniger Vollkornreis (100 g Rohgewicht). Geben Sie für den Kräuterreis 2 Eßlöffel gehackte Petersilie unter den gegarten Reis.

REZEPTVARIATION

Verwenden Sie 250 g Kalbfleisch anstelle des Geflügelfleischs, und geben Sie vor dem Servieren zusätzlich eine in feine Streifen geschnittene, große Gewürzgurke in die Sauce. So wird aus dem Hühnerfrikassee ein delikates Kalbsfrikassee.

PRAKTISCHER TIP

Da auch beim Garen in der Mikrowelle immer etwas Flüssigkeit verloren geht, können Sie bei Bedarf noch einige Eßlöffel Hühnerbrühe in die Sauce geben, falls diese zu dick geworden ist.

SCHOLLENFILETS IN GEMÜSESAHNE

Infoblock

- Arbeitszeit: ca. 20 Minuten
- Zeit zum Marinieren: ca. 10 Minuten
- Garzeit: ca. 16 Minuten
- 2 Portionen
- ca. 360 kcal je Portion

Zutaten

350 g Schollenfilets
Saft von 1 Zitrone
Salz, Pfeffer aus der Mühle
1 EL Butter oder Margarine
1 Zwiebel
1 Stange Lauch
200 g kleine Champignons
¼ l Fischfond (aus dem Glas)
1 Lorbeerblatt
4 EL Crème fraîche
1 TL Speisestärke
6 Tropfen Worcestersauce
½ Bund Dill

GETRÄNKETIP

Dazu schmeckt ein halbtrockener Weißwein, z.B. ein Riesling aus dem Rheingau.

1 Die Schollenfilets waschen und trockentupfen. Sie danach mit dem Zitronensaft beträufeln, salzen und pfeffern. Den Fisch 10 Minuten marinieren lassen.

2 In der Zwischenzeit die Butter oder die Margarine in ein Mikrowellengeschirr geben. Die Zwiebel schälen und fein würfeln. Den Lauch waschen, putzen und in etwa 1/2 cm breite Streifen schneiden. Beides in das Geschirr geben und zugedeckt bei 100% 3 Minuten garen.

3 Inzwischen die Champignons waschen, putzen, aber nicht kleinschneiden. Sie zu dem Gemüse geben und den Fischfond angießen. Das Lorbeerblatt dazugeben. Das Ganze zugedeckt bei 75% 6 Minuten garen.

4 Die Schollenfilets in den Fond legen und sie zugedeckt darin bei 75% 4 Minuten garen. Das Lorbeerblatt danach aus dem Sud entfernen. Den Fisch vorsichtig aus der Flüssigkeit herausnehmen und beiseite stellen.

5 Die Crème fraîche mit der Speisestärke und 2-3 Eßlöffeln Fischfond verrühren. Das Ganze in den Sud einrühren. Die Sauce mit Salz, Pfeffer und Worcestersauce abschmecken.

6 Die Schollenfilets wieder in die Sauce legen und noch einmal zugedeckt bei 75% 3 Minuten garen. In der Zwischenzeit den Dill waschen, trockentupfen und fein hacken. Den Fisch zusammen mit dem Gemüse auf 2 Tellern anrichten und mit dem Dill bestreut servieren.

BEILAGENTIP

Dazu schmecken Pellkartoffeln (aus 300 g Kartoffeln), geschält und in Petersilienbutter geschwenkt.

REZEPTVARIATION

Die Schollen- oder Seezungenfilets können Sie auch zu Röllchen aufdrehen. Stecken Sie diese mit Zahnstochern zusammen, und garen Sie den Fisch wie im Rezept angegeben. Die Fischröllchen sehen sehr dekorativ aus und sind ein einfaches, aber dennoch ausgefallenes Gericht für Gäste.

PRAKTISCHER TIP

Wenn Sie tiefgekühlte Fischfilets verwenden möchten, geben Sie diese ruhig gefroren in den Kochsud. Die Garzeit des Fischs verlängert sich dann etwa um 2 Minuten.

KARTOFFEL-GEMÜSE-TOPF

Infoblock

- **Arbeitszeit: ca. 25 Minuten**
- **Garzeit: ca. 16 Minuten**
- **2 Portionen**
- **ca. 460 kcal je Portion**

Zutaten

400 g Kartoffeln
1 rote Paprikaschote
1 Zwiebel
100 g gekochter Schinken
2 Essiggurken
1 kleines Röhrchen Kapern (ca. 25 g)
¼ l Gemüsebrühe (aus Instantpulver zubereitet)
2 EL Crème fraîche
1 EL mittelscharfer Senf
Salz, Pfeffer aus der Mühle
1 Prise gemahlener Kümmel
2 hartgekochte Eier
½ Bund Schnittlauch

1 Die Kartoffeln waschen, schälen und in dünne Scheiben schneiden. Die Paprikaschote waschen, putzen, die Kerne und die weißen Rippen entfernen und das Fruchtfleisch in Streifen schneiden. Die Zwiebel schälen und zusammen mit dem Schinken fein würfeln. Kartoffelscheiben, Gemüse und Schinkenwürfel gemeinsam in ein Mikrowellengeschirr geben.

2 Die Essiggurken in dünne Scheiben schneiden. Sie zusammen mit den Kapern auf das Gemüse und die Kartoffelscheiben geben. Die Gemüsebrühe angießen und alles zugedeckt bei 75% 10 Minuten garen.

3 Anschließend die Crème fraîche und den Senf unter das Gemüse und die Kartoffeln mischen. Das Ganze mit Salz, Pfeffer aus der Mühle und Kümmel würzen.

4 Das Gericht 4 Minuten ruhen lassen. Inzwischen die hartgekochten Eier schälen und in Achtel oder Scheiben schneiden. Diese auf die Gemüse- und Kartoffelstücke legen.

5 Das Ganze zugedeckt noch einmal bei 100% 6 Minuten garen.

6 In der Zwischenzeit den Schnittlauch waschen, trockentupfen und fein schneiden. Das Gericht nach Ende der Garzeit auf 2 Tellern anrichten und mit dem Schnittlauch bestreut servieren.

BEILAGENTIP

Dazu paßt ein Gurkensalat mit einer Dillvinaigrette oder ein Kopfsalat mit Radieschen und Joghurtdressing.

REZEPTVARIATIONEN

- **Wenn sie die säuerlich-pikante Geschmacksnote nicht mögen, ersetzen Sie die sauren Gurken und die Kapern durch 150 g Erbsen (aus der Dose oder Tiefkühlware).**
- **Ein vegetarisches Gericht können Sie zubereiten, indem Sie den Schinken durch 150 g in Scheiben geschnittene Zucchini austauschen. Die Zubereitung ändert sich ansonsten nicht.**

PRAKTISCHER TIP

Verwenden Sie zum Garen in der Mikrowelle mehlig-festkochende Kartoffelsorten, wie z.B. Nicola.

GETRÄNKETIP

Zum Kartoffel-Gemüse-Topf schmeckt ein gut gekühltes Pils oder ein frisches Weizenbier.

HIRSCHGULASCH MIT PILZEN UND PREISELBEEREN

Infoblock

- **Arbeitszeit: ca. 25 Minuten**
- **Marinierzeit: ca. 12 Stunden**
- **Garzeit: ca. 40 Minuten**
- **2 Portionen**
- **ca. 340 kcal je Portion**

Zutaten

¼ l Rotwein
1 EL Pfefferkörner
1 TL Wacholderbeeren
250 g Hirschgulaschfleisch
1 EL Butterschmalz
1 Zwiebel
1 Karotte
1 Stück Sellerie
⅛ l Rotwein
1 Päckchen Sauerbraten-Fix
1 kleine Dose Pfifferlinge
¼ TL Thymian
2 EL Preiselbeeren (aus dem Glas)
2 EL saure Sahne

GETRÄNKETIP

Dazu schmeckt ein kräftiger Rotwein, z.B. ein Burgunder.

1 Aus dem Rotwein, den Pfefferkörnern und den Wacholderbeeren eine Marinade zubereiten. Das Gulaschfleisch hineingeben und gut mit der Flüssigkeit vermischen. Das Fleisch mindestens 12 Stunden zugedeckt im Kühlschrank marinieren lassen.

2 Das Butterschmalz in ein Mikrowellengeschirr geben. Die Zwiebel schälen und fein würfeln. Die Karotte und den Sellerie waschen, putzen und in kleine Stücke schneiden. Alles zu dem Fett und den Zwiebelwürfeln geben.

3 Das Hirschgulasch in ein Sieb geben und gut abtropfen lassen. Das Fleisch in etwa 2 cm große Würfel schneiden. Diese ebenfalls in das Mikrowellengeschirr geben und zugedeckt bei 100% 5 Minuten garen.

4 Den Rotwein anschließend angießen. Das Sauerbraten-Fix mit etwa 400 ml Wasser verrühren und ebenfalls in das Geschirr geben. Das Gulasch zugedeckt darin bei 75% 30 Minuten garen.

5 Die Pfifferlinge in ein Sieb geben, gut abtropfen lassen und eventuell noch etwas kleinschneiden. Die Sauce mit dem Thymian abschmecken. Die Preiselbeeren und die Pfifferlinge daruntermischen.

6 Das Gulasch noch einmal zugedeckt bei 100% 5 Minuten garen.

7 Es anschließend auf 2 Tellern anrichten und mit je 1 Eßlöffel saurer Sahne garnieren und servieren.

BEILAGENTIP

Dazu schmecken sehr gut 4 Semmelknödel (Fertigprodukt) oder 4 rohe Kartoffelknödel (aus Knödelpulver zubereitet).

REZEPTVARIATION

Dieses Gericht schmeckt auch sehr gut, wenn Sie anstelle des Hirschgulaschs 250 g Kaninchenfleisch verwenden. Schneiden Sie dieses nach dem Marinieren in etwa 2 cm große Stücke, und bereiten Sie es wie im Rezept angegeben zu.

PRAKTISCHER TIP

Besonders zart und etwas milder im Geschmack wird Wildfleisch, wenn Sie für die Marinade ¼ l Buttermilch statt des Rotweins verwenden.

KASSLER MIT WIRSING

Infoblock

- Arbeitszeit: ca. 15 Minuten
- Garzeit: ca. 28 Minuten
- Zeit zum Auftauen: ca. 6 Minuten
- 2 Portionen
- ca. 380 kcal je Portion

Zutaten

400 g TK-Rahmwirsing
200 g mageres Kassler
1 EL Butterschmalz
1 Zwiebel
¼ l Gemüsebrühe (aus Instantpulver zubereitet)
1 Lorbeerblatt
½ TL Majoran
6 Tropfen Worcestersauce
Salz, Pfeffer aus der Mühle
1 EL Crème fraîche

1 Den Rahmwirsing in ein Mikrowellengeschirr geben und zugedeckt bei 25% 6 Minuten antauen lassen.

2 In der Zwischenzeit das Kassler in Würfel schneiden und zusammen mit dem Butterschmalz in ein zweites Mikrowellengeschirr geben. Die Zwiebel schälen, fein würfeln und zusammen mit der Gemüsebrühe und dem Lorbeerblatt zu dem Fleisch geben.

3 Das Ganze zugedeckt bei 100% 3 Minuten garen.

4 Den Wirsing danach hinzufügen und daruntermischen. Alles noch einmal zugedeckt bei 75% 20 Minuten garen.

5 Das Gemüse mit dem Majoran, der Worcestersauce und Salz und Pfeffer aus der Mühle abschmecken. Das Lorbeerblatt entfernen und die Crème fraîche darunterrühren. Alles noch einmal zugedeckt bei 75% 5 Minuten garen.

6 Den Wirsing zusammen mit dem Fleisch auf 2 Tellern anrichten und sofort servieren.

BEILAGENTIP

Dazu schmecken Salzkartoffeln (aus 300 g Kartoffeln), die leicht in Butter geschwenkt werden.

REZEPTVARIATION

Besonders deftig schmeckt dieses Gericht, wenn Sie anstelle des TK-Rahmwirsings eine Packung TK-Grünkohl verwenden. Ganz traditionell wird Grünkohl mit Grützwurst und Mettwürstchen kombiniert. Dieses Gericht ist in Norddeutschland als „Kohl mit Pinkel“ bekannt.

PRAKTISCHER TIP

Wirsing und auch Grünkohl bleiben beim Kochen schön grün, wenn Sie 2 Messerspitzen Natron dazugeben.

GETRÄNKETIP

Dazu schmeckt ein gut gekühltes Pils.

Chicorée in Roquefortsauce

Infoblock

- Arbeitszeit: ca. 20 Minuten
- Garzeit: ca. 19 Minuten
- 2 Portionen
- ca. 460 kcal je Portion

Zutaten

1 Zwiebel
1 Karotte
1 Stange Lauch
½ rote Paprikaschote
1 EL Butter oder Margarine
4 EL Weißwein
Salz, Pfeffer aus der Mühle
2 mittelgroße Chicorée-stauden
75 g Roquefort
150 g gekochter Schinken
⅛ l helle Sauce (aus Instant-pulver zubereitet)
1 kleines Ei
½ Bund Petersilie

1 Die Zwiebel und die Karotte schälen. Den Lauch und die Paprikaschote waschen, putzen und zusammen mit dem restlichen geschälten Gemüse in Scheiben oder Streifen schneiden. Die Gemüsestücke zusammen mit dem Fett in ein Mikrowellengeschirr geben und den Weißwein angießen. Das Ganze mit Salz und Pfeffer würzen.

2 Den Chicorée waschen, die Strünke keilförmig herausschneiden und die Stauden danach längs halbieren. Sie anschließend auf das Gemüse legen und alles zugedeckt bei 75% 10 Minuten garen.

3 In der Zwischenzeit den Roquefort und den Schinken fein würfeln und mit der hellen Sauce und dem Ei verrühren. Das Ganze danach auf dem Gemüse verteilen.

4 Das Gemüse, den Käse und den Schinken in der Sauce noch einmal zugedeckt bei 75% 6 Minuten garen. In der Zwischenzeit die Petersilie waschen, trockentupfen und fein hacken.

5 Den Chicorée mit der Sauce auf 2 Tellern anrichten und mit der Petersilie bestreut servieren.

BEILAGENTIP

Dazu paßt knuspriges Baguette, dünn mit Butter bestrichen.

REZEPTVARIATION

Dieses Gericht schmeckt auch sehr gut mit Orangen-Salbei-Sauce. Geben Sie statt des Roqueforts 5 Eßlöffel Orangensaft in die helle Sauce, und verfeinern Sie sie mit ¼ TL gerebeltem Salbei.

PRAKTISCHER TIP

Wenn Sie den Chicorée vor der Zubereitung 2 Minuten in kochendes Wasser geben, verliert er seinen leicht bitteren Geschmack etwas.

GETRÄNKETIP

Dazu paßt ein Roséwein, z.B. einen Côtes de Provence.

GESCHNETZELTES IN CALVADOSRAHM

Infoblock

- Arbeitszeit: ca. 25 Minuten
- Garzeit: ca. 25 Minuten
- 2 Portionen
- ca. 450 kcal je Portion

Zutaten

1 EL Sonnenblumenöl
1 Zwiebel
1 Karotte
1 Stange Lauch
250 g Rinderfilet
1 TL Pfefferkörner
1/8 l helle Sauce (aus Instantpulver zubereitet)
4 EL Weißwein
1 säuerlicher Apfel (z.B. Cox Orange)
1 Prise Zucker
2 EL Crème fraîche
2 EL Calvados

1 Das Sonnenblumenöl in ein Mikrowellengeschirr geben. Die Zwiebel schälen und fein würfeln. Die Karotte schälen, den Lauch waschen, putzen und beides in Scheiben schneiden. Das Gemüse zu dem Fett geben und zugedeckt darin bei 100% 3 Minuten garen.

2 Inzwischen das Rinderfilet in feine Streifen schneiden. Diese anschließend zusammen mit den Pfefferkörnern, der hellen Sauce und dem Weißwein zu dem Gemüse geben.

3 Das Ganze zugedeckt bei 75% 18 Minuten garen. In der Zwischenzeit den Apfel schälen, vierteln und das Kerngehäuse entfernen. Das Fruchtfleisch in kleine Stücke schneiden.

4 Die Apfelstücke zusammen mit dem Zucker zum Fleisch geben. Die Crème fraîche hinzufügen und darunterrühren. Alles noch einmal zugedeckt bei 100% 4 Minuten garen.

5 Das Geschnetzelte auf 2 Tellern anrichten und mit je 1 Eßlöffel Calvados beträufeln. Das Gericht sofort servieren und bei Tisch flambieren.

BEILAGENTIP

Zu diesem feinen Gericht schmecken Kroketten (etwa 300 g) oder Rösti (etwa 250 g).

REZEPTVARIATION

Je nach Geschmack können Sie auch Kalb- oder Schweinefleisch anstelle des Rindfleisches verwenden. Die Garzeit bei 75% verringert sich dann etwa um 4 Minuten. Ansonsten werden beide Fleischsorten wie im Rezept beschrieben verarbeitet.

PRAKTISCHER TIP

Hochprozentigen Alkohol sollten Sie nicht in der Mikrowelle mitgaren. Er kann sich im Gerät durch die starke Temperaturentwicklung entzünden, und es kann zu Unfällen kommen.

GETRÄNKETIPS

Dazu schmeckt ein Gläschen Calvados oder ein herber Cidre.

PAPRIKA-LEBER-TOPF

Infoblock

- Arbeitszeit: ca. 20 Minuten
- Garzeit: ca. 14 Minuten
- 2 Portionen
- ca. 370 kcal je Portion

Zutaten

1 EL Olivenöl
3 Zwiebeln
1 Knoblauchzehe
1 kleine rote Paprikaschote
1 kleine gelbe Paprikaschote
5 EL Rotwein
3 EL Tomatenmark
250 g Rinderleber
1/8 l Bratensauce (aus Instantpulver zubereitet)
1 TL grüne Pfefferkörner (in Lake eingelegt)
1/4 TL Paprikapulver rosenscharf
1/4 TL Majoran
1 Glas entsteinte grüne Oliven (ca. 60 g)
1/2 Bund Petersilie

1 Das Olivenöl in ein Mikrowellengeschirr geben. Die Zwiebeln und die Knoblauchzehe schälen und fein würfeln. Beides zusammen zu dem Fett geben und zugedeckt bei 100% 3 Minuten garen.

2 Die Paprikaschoten waschen, putzen, die Kerne und die weißen Zwischenwände entfernen und das Fruchtfleisch in Streifen schneiden. Diese zusammen mit dem Rotwein und dem Tomatenmark in das Geschirr geben, alles gut miteinander vermischen und bei 100% 5 Minuten zugedeckt garen.

3 In der Zwischenzeit die Rinderleber waschen und trockentupfen. Sie in kleine Würfel schneiden. Diese unter das Gemüse mischen und die Bratensauce angießen. Das Ganze mit den Pfefferkörnern, dem Paprikapulver und dem Majoran würzen.

4 Die Leber und das Gemüse zugedeckt bei 75% 6 Minuten garen. In der Zwischenzeit die Oliven in Scheiben schneiden und die Petersilie waschen und trockentupfen. Diese danach fein hacken.

5 Das Gericht auf 2 Tellern anrichten und mit den Olivenscheiben und der gehackten Petersilie bestreut servieren.

BEILAGENTIPS

- **Dazu paßt Kartoffelpüree (aus 300 g gekochten Kartoffeln oder Fertigpulver hergestellt).**
- **Körnig gekochter Reis (100 g Trokkengewicht) schmeckt auch sehr gut zu diesem Gericht.**

REZEPTVARIATION

Wenn Sie einen milderen Geschmack bevorzugen, verwenden Sie 250 g Kalbsleber und Weißwein anstelle der Rinderleber und des Rotweins.

PRAKTISCHER TIP

Leber hat manchmal einen etwas strengen Geschmack. Wenn Sie sie vor der Zubereitung für etwa 30 Minuten in Milch einlegen, wird sie geschmacklich etwas milder.

GETRÄNKETIP

Dazu schmeckt ein frischer Weißwein, z.B. ein portugiesischer Vinho Verde.

UNGARISCHE GULASCHSUPPE

Infoblock

- Arbeitszeit: ca. 25 Minuten
- Garzeit: ca. 31 Minuten
- 2 Portionen
- ca. 580 kcal je Portion

Zutaten

200 g Rindergulaschfleisch
50 g Schinkenspeck
1 EL Butterschmalz
1 kleine rote Paprikaschote
1 kleine grüne Paprikaschote
1 kleine gelbe Paprikaschote
1 Zwiebel
2 mittelgroße Kartoffeln (ca. 150 g)
⅛ l Rotwein
¼ l Bratensauce (aus Instantpulver zubereitet)
¼ l Fleischbrühe (aus Instantpulver zubereitet)
2 EL Tomatenmark
1 Knoblauchzehe
Salz
1 TL Paprikapulver edelsüß
½ TL Majoran
Pfeffer aus der Mühle
6 EL saure Sahne
½ Bund Schnittlauch

1 Das Rindergulaschfleisch und den Schinkenspeck sehr klein würfeln. Den Schinkenspeck zusammen mit dem Butterschmalz in ein Bräu-nungsgeschirr geben und ihn darin zugedeckt bei 100% 3 Minuten garen.

2 Die Fleischwürfel dazugeben und alles bei 100% weitere 8 Minuten zugedeckt garen.

3 Inzwischen die Paprikaschoten waschen und putzen, die Zwiebel schälen und beides in kleine Würfel schneiden. Die Kartoffeln schälen und etwa 1 cm groß würfeln.

4 Das Gemüse und die Kartoffeln zu dem Fleisch geben. Rotwein, Bratensauce und Fleischbrühe angießen und das Tomatenmark daruntermischen.

5 Die Gulaschsuppe im Mikrowellengeschirr zugedeckt bei 100% 10 Minuten garen. Die Knoblauchzehe schälen und mit etwas Salz zerreiben.

6 Die Suppe danach mit Paprika, Majoran, Knoblauch, Salz und Pfeffer kräftig würzen und bei 75% zugedeckt 10 Minuten weitergaren. In der Zwischenzeit den Schnittlauch waschen, trockentupfen und fein schneiden. Die saure Sahne unter die Suppe ziehen und diese mit Schnittlauch bestreut servieren.

BEILAGENTIP

Dazu schmeckt ein herzhaftes Bauernbrot oder ein Roggenbrötchen.

REZEPTVARIATION

Sie können die Suppe auch etwas schärfer zubereiten, wenn sie den Paprika edelsüß gegen die gleiche Menge Paprika rosenscharf austauschen. Ersetzen Sie zusätzlich 1 Paprikaschote durch 1–2 Chilischoten. So wird das Gericht feurig-scharf.

GETRÄNKETIPS

Dazu schmeckt ein gut gekühltes Pils oder ein trockener Rotwein.

PAELLA

Infoblock

- Arbeitszeit: ca. 25 Minuten
- Garzeit: ca. 28 Minuten
- 2 Portionen
- ca. 780 kcal je Portion

Zutaten

125 g Reis
350 ml Fleischbrühe (aus Instantpulver hergestellt)
2 Döschen Safranpulver (0,2 g)
1 EL Butter
150 g Hähnchenbrustfilet
½ Zwiebel
½ rote Paprikaschote
½ grüne Paprikaschote
1 Knoblauchzehe
100 g Muschelfleisch (aus dem Glas)
100 g Garnelen (geschält)
100 g TK-Erbsen
5 EL Weißwein
Salz, Pfeffer aus der Mühle
1 kleine Knoblauchwurst
20 schwarze Oliven

1 Den Reis zusammen mit der Fleischbrühe, dem Safranpulver und der Butter in ein Mikrowellengeschirr geben, alles durchmischen und zugedeckt bei 100% 4 Minuten garen.

2 Das Hähnchenfleisch in etwa 2 cm große Würfel schneiden, zu dem Reis geben und untermischen. Das Ganze zugedeckt bei 75% 10 Minuten garen.

3 In der Zwischenzeit die Zwiebel schälen und fein würfeln. Die Paprikaschoten waschen, putzen, die Kerne und die weißen Trennwände entfernen und das Fruchtfleisch in Streifen schneiden. Den Knoblauch schälen und fein hacken. Das Gemüse und den Knoblauch zu dem Reis und dem Hähnchenfleisch geben und alles zugedeckt 6 Minuten bei 100% garen.

4 Muschelfleisch, Garnelen, Erbsen und Weißwein anschließend zu dem Reis geben und das Ganze mit Salz und Pfeffer abschmecken. Die Paella weitere 8 Minuten bei 75% zugedeckt garen.

5 In der Zwischenzeit das Knoblauchwürstchen in dünne Scheiben schneiden. Das fertige Gericht auf 2 Tellern anrichten und mit den Wurstscheiben und den schwarzen Oliven servieren.

BEILAGENTIP

Dazu paßt ein Tomatensalat mit Zwiebeln und einer Vinaigrette mit Olivenöl.

REZEPTVARIATION

Sie können das Hähnchenfleisch und die Wurst gegen 200 g Fischfiletwürfel austauschen und erhalten so eine Fischpfanne. Geben Sie den Fisch zusammen mit den Garnelen in Schritt 4 zu dem Reis. Verfeinern Sie das Gericht mit Dill oder anderen kleingeschnittenen Kräutern wie Oregano oder Basilikum.

GETRÄNKETIP

Dazu paßt ein trockener spanischer Rotwein, z.B. ein Rioja.

ITALIENISCHES SALBEIHÄHNCHEN

Infoblock

- Arbeitszeit: ca. 20 Minuten
- Garzeit ca. 22 Minuten
- 2 Portionen
- ca. 510 kcal je Portion

Zutaten

2 Hähnchenbrustfilets
(à ca. 150 g)
Salz, Pfeffer aus der Mühle
1 TL gerebelter Salbei
1 EL Olivenöl
1 Zwiebel
8 EL Weißwein
⅛ l Gemüsebrühe (aus Instantpulver zubereitet)
100 g gekochter Schinken
100 g Champignons
200 g TK-Erbsen
1 TL Speisestärke
2 EL Crème fraîche
1 Prise geriebene Muskatnuß
2 Zweige Basilikum
4 EL geriebener Parmesan

1 Die Hähnchenbrustfilets waschen und trockentupfen. Sie mit Salz, Pfeffer und Salbei würzen.

2 Das Olivenöl in ein Mikrowellengeschirr geben. Die Zwiebel schälen, fein würfeln und zusammen mit dem Fleisch zu dem Öl geben. Das Ganze zugedeckt bei 100% 5 Minuten garen.

3 Das Fleisch und die Zwiebeln mit dem Weißwein ablöschen und die Gemüsebrühe angießen. Alles bei 75% weitere 5 Minuten zugedeckt garen.

4 In der Zwischenzeit den Schinken in feine Streifen schneiden. Die Champignons waschen, putzen und in Scheiben schneiden. Sie zusammen mit den Erbsen zum Fleisch geben. Die Speisestärke mit der Crème fraîche vermischen und alles in die Flüssigkeit einrühren.

5 Die Sauce mit Salz, Pfeffer und Muskat kräftig würzen. Das Fleisch und das Gemüse zugedeckt bei 75% nochmals 12 Minuten garen. Währenddessen das Basilikum waschen, trockentupfen und die Blätter abzupfen.

6 Die Hähnchenbrustfilets zusammen mit dem Gemüse und der Sauce auf 2 Tellern anrichten, mit dem Parmesan bestreuen und mit den Basilikumblättchen garnieren.

BEILAGENTIP

Dazu passen bunte Bandnudeln oder Vollkornbandnudeln (jeweils 100 g Trockengewicht).

REZEPTVARIATION

Sie können dieses Gericht auch mit 300 g Schweinefilet zubereiten. Schneiden Sie 4 Medaillons aus dem Filet, würzen Sie diese statt mit Salbei mit 1 Teelöffel gerebeltem Rosmarin, und bereiten Sie das Gericht ansonsten wie im Rezept beschrieben zu.

PRAKTISCHER TIP

Wenn Sie wenig Zeit haben, können Sie statt der frischen Champignons 100 g tiefgefrorene, bereits geschnittene Pilze verwenden.

GETRÄNKETIP

Dazu paßt ein italienischer Rotwein, z.B. ein Valpolicella.

Chinesischer Gemüsetopf mit Putenbrust

Infoblock

- **Arbeitszeit: ca. 25 Minuten**
- **Garzeit: ca. 18 Minuten**
- **Zeit zum Quellen: ca. 1 Stunde**
- **2 Portionen**
- **ca. 470 kcal je Portion**

Zutaten

25 g chinesische, getrocknete Pilze (Mu-Err)
1 EL Butter oder Margarine
1 Zwiebel
2 Frühlingszwiebeln
½ rote Paprikaschote
½ grüne Paprikaschote
100 g Sojabohnenkeimlinge
2 EL Ketchup
½ l Gemüsebrühe (aus Instantpulver zubereitet)
100 g gegarte Putenbrust in Scheiben
250 g gekochter Reis (100 g Trockengewicht)
2 EL Sojasauce
½ TL Ingwerpulver
½ TL Currypulver
3 EL Reiswein (Sake)
Salz, Pfeffer aus der Mühle
2 EL gehackte Mandeln

1 Die Pilze für 1 Stunde in lauwarmem Wasser einweichen, so daß sie aufquellen.

2 Die Butter oder die Margarine in ein Mikrowellengeschirr geben. Die Zwiebel schälen und fein würfeln. Die Frühlingszwiebeln waschen, putzen und in Streifen schneiden. Beides zu dem Fett geben.

3 Die Pilze aus dem Einweichwasser herausnehmen, gut abtropfen lassen und in Streifen schneiden. Die Paprikaschoten waschen, putzen, die Kerne und die weißen Zwischenrippen entfernen. Das Fruchtfleisch in feine Streifen schneiden. Beides zusammen mit den Sojabohnenkeimlingen in das Mikrowellengeschirr geben.

4 Den Ketchup zusammen mit der Gemüsebrühe in das Geschirr geben und das Gemüse darin zugedeckt bei 75% 10 Minuten garen.

5 Die Putenbrust in Streifen schneiden und zusammen mit dem Reis zu dem Gemüse und der Flüssigkeit geben. Alles mit der Sojasauce, dem Ingwer- und dem Currypulver würzen.

6 Das Ganze noch einmal zugedeckt bei 75% 8 Minuten garen. Das Gericht am Ende der Garzeit mit dem Reiswein aromatisieren und mit Salz und Pfeffer kräftig würzen.

7 Den Reistopf auf 2 Tellern anrichten und mit den gehackten Mandeln bestreut servieren.

REZEPTVARIATION

Wenn Sie die vegetarische Küche bevorzugen, ersetzen Sie das gegarte Putenfleisch nach Wunsch durch 100 g Austernpilze oder 100 g Tofu. Beides wird wie im Rezept beschrieben in Streifen geschnitten und zusammen mit den anderen Zutaten gegart.

PRAKTISCHER TIP

Falls Sie keinen Reiswein bekommen können, ersetzen Sie ihn durch trockenen Sherry.

BEILAGENTIP

Dazu schmeckt Kroepoek (chinesisches Krabbenbrot) sehr gut. Sie können es bereits fertig zubereitet kaufen oder die Kroepoek-Chips noch selbst in heißem Öl fritieren.

GETRÄNKETIPS

- Dazu paßt Reiswein (Sake) oder ein trockener Sherry.
- Ein Jasmintee oder ein grüner Tee schmeckt auch sehr gut zu diesem Gericht.

SZEGEDINER GULASCH

Infoblock

- Arbeitszeit: ca. 20 Minuten
- Garzeit: ca. 30 Minuten
- 2 Portionen
- ca. 320 kcal je Portion

Zutaten

250 g mageres Schweinefleisch (z.B. aus der Keule)
1 EL Butterschmalz
1 Zwiebel
½ rote Paprikaschote
½ grüne Paprikaschote
1 Knoblauchzehe
1 kleine Dose Sauerkraut (ca. 200 ml)
1 EL Paprikapulver edelsüß
1 Prise Kümmelpulver
Salz, Pfeffer aus der Mühle
¼ l Fleischbrühe (aus Instantpulver zubereitet)
2 EL saure Sahne

1 Das Schweinefleisch in etwa 2 cm große Würfel schneiden. Das Butterschmalz in ein Mikrowellengeschirr geben und das Fleisch hinzufügen. Es darin zugedeckt bei 100% 5 Minuten garen.

2 Inzwischen die Zwiebel schälen und fein würfeln. Die Paprikaschoten waschen, putzen, die Kerne und die weißen Rippen entfernen und das Fruchtfleisch in Streifen schneiden. Die Knoblauchzehe schälen und fein hacken. Das Gemüse und den Knoblauch zu dem Fleisch geben.

3 Das Sauerkraut zerpflücken und ebenfalls zum Fleisch geben. Das Ganze mit dem Paprikapulver, dem Kümmel sowie Salz und Pfeffer würzen. Die Fleischbrühe angießen und das Gulasch zugedeckt bei 75% 25 Minuten garen. Das Gulasch während der Garzeit einige Male durchrühren, damit es gleichmäßig gart.

4 Das Fleisch zusammen mit der Sauce auf 2 Tellern anrichten und mit je 1 Eßlöffel saurer Sahne garniert servieren.

BEILAGENTIP

Dazu schmecken 4 Kartoffelknödel (aus Knödelpulver) oder Salzkartoffeln (aus 300 g Kartoffeln).

REZEPTVARIATION

Wenn Sie das Gericht besonders herzhaft mögen, verwenden Sie 250 g Gulaschfleisch vom Rind, und geben Sie noch 2 Eßlöffel Tomatenmark in die Brühe. Die Garzeit bei 75% verlängert sich dann auf 30 Minuten.

GETRÄNKETIP

Dazu schmeckt ein kühler trockener Gewürztraminer.

Züricher Geschnetzeltes

Infoblock

- **Arbeitszeit: ca. 20 Minuten**
- **Garzeit: ca. 20 Minuten**
- **2 Portionen**
- **ca. 360 kcal je Portion**

Zutaten

250 g Kalbfleisch aus der Keule (z.B. Schnitzel)
Salz, Pfeffer aus der Mühle
1 EL Butterschmalz
1 Zwiebel
2 Karotten
1 TL Tomatenmark
4 EL Weißwein
¼ l helle Sauce (aus Instantpulver zubereitet)
1 Lorbeerblatt
½ TL getrockneter Thymian
200 g Champignons
½ Bund Petersilie
1 EL Crème fraîche

1 Das Kalbfleisch in etwa 1 cm breite, 4 cm lange Streifen schneiden. Diese anschließend salzen und pfeffern.

2 Das Butterschmalz in ein Mikrowellengeschirr geben und 1 Minute bei 100% erhitzen. Danach das Fleisch dazufügen und darin zugedeckt bei 100% 6 Minuten garen.

3 In der Zwischenzeit die Zwiebel schälen und fein würfeln. Die Karotten putzen, schälen und in Würfel schneiden. Das Gemüse zu dem Fleisch geben.

4 Das Tomatenmark mit dem Weißwein verrühren und zusammen mit der hellen Sauce zum Fleisch geben. Das Lorbeerblatt und den Thymian hinzufügen, alles gut durchrühren und bei 100% weitere 6 Minuten zugedeckt garen.

5 Die Champignons waschen, putzen, in Scheiben schneiden und zu dem Fleisch und dem Gemüse geben. Das Ganze noch einmal zugedeckt bei 75% 8 Minuten garen.

6 In der Zwischenzeit die Petersilie waschen, trockentupfen und fein hacken. Nach dem Ende der Garzeit des Fleischs die Crème fraîche in die Sauce einrühren und das Gericht mit Salz und Pfeffer abschmecken.

7 Das Geschnetzelte auf 2 Tellern anrichten und mit der Petersilie bestreut servieren.

Beilagentips

- **Wenn Sie das Züricher Geschnetzelte ganz traditionell servieren möchten, reichen Sie Kartoffelrösti (250 g) dazu.**
- **Zu diesem Gericht passen auch sehr gut Semmelknödel (4 Stück). Sie können Sie als Fertigprodukt (im Kochbeutel oder tiefgefroren) kaufen oder selbst zubereiten: Schneiden Sie 125 g trockene Brötchen in Würfel, übergießen Sie diese mit 1/8 l warmer Milch. Vermischen Sie das Ganze mit 1 Eßlöffel gehackter Petersilie, 1 Ei, Salz, Pfeffer und geriebener Muskatnuß. Formen Sie aus dieser Masse 4 Knödel, und garen Sie diese in knapp siedendem Wasser, bis sie an die Oberfläche steigen.**

Getränketip

Servieren Sie zu diesem Schweizer Nationalgericht einen trockenen Weißwein aus dem Wallis, z.B. einen Fendant.

REZEPTVARIATION

Einen besonders feinen Geschmack bekommt das Gericht, wenn Sie anstelle der Champignons 30 g getrocknete Steinpilze verwenden. Diese müssen mindestens 1 Stunde in lauwarmem Wasser eingeweicht werden, bevor Sie sie wie im Rezept beschrieben weiterverarbeiten.

PRAKTISCHER TIP

Falls die Sauce zu flüssig ist, können Sie sie mit etwas Speisestärke binden. Rühren Sie 1 bis 2 Teelöffel mit etwa der gleichen Menge kaltem Wasser an. Geben Sie diese Mischung in Schritt 6 in die Sauce, verrühren Sie alles gut und erhitzen Sie das Gericht noch 2 Minuten bei 100%.

LACHS IN FEINER GEMÜSESAUCE

Infoblock

- **Arbeitszeit: ca. 30 Minuten**
- **Garzeit: ca. 15 Minuten**
- **Zeit zum Marinieren: ca. 10 Minuten**
- **2 Portionen**
- **ca. 460 kcal je Portion**

Zutaten

300 g Lachsfilet (in 4 Scheiben à ca. 75 g geschnitten)
Salz, Pfeffer aus der Mühle
Saft von 1 Zitrone
1 EL Butter oder Margarine
1 Zwiebel
1 Stange Staudensellerie
200 g Champignons
⅛ l Fischfond (aus dem Glas)
1 TL Speisestärke
4 EL saure Sahne
1 EL Sherry medium
6 Tropfen Worcestersauce
2 Tomaten
1 Bund Dill

GETRÄNKETIP

Dazu schmeckt ein gut gekühltes Bier, z.B. ein Guiness, oder ein trockener Chablis.

---

1 Die Lachsscheiben waschen und trockentupfen. Sie anschließend salzen, pfeffern, mit dem Zitronensaft beträufeln und 10 Minuten marinieren lassen.

---

2 Die Butter oder die Margarine in ein Mikrowellengeschirr geben. Die Zwiebel schälen und fein würfeln. Den Staudensellerie waschen und in dünne Scheiben schneiden. Die Champignons waschen, putzen und ebenfalls in Scheiben schneiden.

---

3 Das Gemüse in das Mikrowellengeschirr geben und darin zugedeckt bei 75% 4 Minuten garen.

---

4 Den Fischfond mit der Speisestärke und der sauren Sahne verrühren und unter das Gemüse mischen. Die Sauce mit dem Sherry und der Worcestersauce würzen. Den Lachs darin zugedeckt 6 Minuten bei 75% garen.

---

5 In der Zwischenzeit die Tomaten über Kreuz einritzen, für etwa 15 Sekunden in kochendes Wasser geben, abschrecken und enthäuten. Sie dann vierteln, die Stielansätze herausschneiden und die Tomaten entkernen. Das Fruchtfleisch in kleine Würfel schneiden.

---

6 Den Dill waschen, trockentupfen und fein hacken. Die Tomatenwürfel zusammen mit dem Dill zu den Lachsscheiben geben und alles noch einmal zugedeckt bei 100% 5 Minuten garen.

---

7 Die Lachsscheiben auf 2 Tellern anrichten und mit der Sauce und dem Gemüse servieren.

BEILAGENTIP

Dazu schmecken Salzkartoffeln (300 g) oder Reis-Wildreis-Mischung (100 g Trockengewicht).

REZEPTVARIATION

Dieses Gericht können Sie auch mit 300 g Lachsforellenfilets sehr gut zubereiten. Lassen Sie sich diese im Fischgeschäft küchenfertig vorbereiten, und verwenden Sie sie entsprechend dem Lachsfilet. Geben Sie zusätzlich 1 Teelöffel mittelscharfen Senf in die Sauce.

PRAKTISCHER TIP

Dill wird auch tiefgefroren und bereits geschnitten angeboten. Er läßt sich portionsweise entnehmen, und das Gericht ist so etwas schneller zuzubereitet.

FRUCHTIGE KALBSMEDAILLONS

Infoblock

- **Arbeitszeit: ca. 15 Minuten**
- **Garzeit: ca. 24 Minuten**
- **2 Portionen**
- **ca. 420 kcal je Portion**

Zutaten

1 EL Sonnenblumenöl
1 Bund Frühlingszwiebeln
6 Kalbsmedaillons (à ca. 50 g)
5 EL Weißwein
⅛ l Bratensauce (aus Instantpulver zubereitet)
Salz, Pfeffer aus der Mühle
1 Msp. Cayennepfeffer
1 Prise Currypulver
4 EL Ananasstücke (aus der Dose)
4 EL entsteinte Sauerkirschen
2 EL Mandelblättchen
2 EL Kirschwasser (40% Alkoholgehalt)

1 Das Sonnenblumenöl in ein Mikrowellengeschirr geben. Die Frühlingszwiebeln waschen, putzen und in etwa ½ cm dicke Scheiben schneiden. Diese zu dem Fett geben und zugedeckt darin bei 100% 3 Minuten garen.

2 Die Kalbsmedaillons zu den Frühlingszwiebeln und dem Fett geben und den Weißwein und die Bratensauce angießen. Das Ganze zugedeckt bei 75% 17 Minuten garen.

3 Die Sauce mit Salz, Pfeffer, Cayennepfeffer und Currypulver würzen. Die Ananasstücke und die Sauerkirschen hinzufügen und alles noch einmal zugedeckt bei 100% 4 Minuten garen.

4 Die Kalbsmedaillons zusammen mit der Sauce auf 2 Tellern anrichten und mit den Mandelblättchen bestreuen. Jeweils 1 Eßlöffel Kirschwasser auf das Fleisch träufeln. Das Gericht sofort servieren und bei Tisch flambieren.

BEILAGENTIP

Dazu schmeckt Kartoffelpüree (aus 300 g Kartoffeln oder Fertigpulver zubereitet) oder Basmatireis (100 g Rohgewicht), mit 2 Eßlöffeln gehackten Pistazien vermischt.

REZEPTVARIATION

Sie können dieses Gericht auch mit 300 g Schweinemedaillons zubereiten. Die Garzeit bei 75% verlängert sich dabei um 4 Minuten auf 21 Minuten.

PRAKTISCHER TIP

Verwenden Sie zum Entzünden des Alkohols beim Flambieren immer Streichhölzer und kein Feuerzeug. Es kann bei Feuerzeugen eventuell zu Flammenrückschlägen kommen.

GETRÄNKETIP

Dazu schmeckt ein herber Cidre oder eine Weißweinschorle.

LASAGNE

Infoblock

- **Arbeitszeit: ca. 30 Minuten**
- **Garzeit: ca. 18 Minuten**
- **2 Portionen**
- **ca. 810 kcal je Portion**

Zutaten

125 g Lasagneplatten
1 EL Olivenöl
150 g gemischtes Hackfleisch
1 Zwiebel
1 Karotte
1 Stange Lauch
1 EL Tomatenmark
4 EL Rotwein
1 kleine Dose geschälte Tomaten
½ TL Oregano
½ TL Basilikum
Salz, Pfeffer aus der Mühle
100 g Champignons
2 EL Butter oder Margarine
⅛ l helle Sauce (aus Instantpulver zubereitet)
100 g Mozzarella
½ Bund Petersilie

GETRÄNKETIPS

Dazu paßt ein kräftiger Bardolino oder ein Mineralwasser.

1 Die Lasagneplatten in kochendem Salzwasser in etwa 12 Minuten auf dem Herd bißfest kochen. Sie danach abschütten, abschrecken und beiseite legen.

2 Das Olivenöl zusammen mit dem Hackfleisch in ein Mikrowellengeschirr geben und dieses zugedeckt darin bei 75% 5 Minuten garen.

3 Die Zwiebel schälen, die Karotte und den Lauch waschen, putzen und alles sehr klein schneiden. Das Gemüse zum Fleisch dazugeben. Das Tomatenmark mit dem Rotwein vermischen und zusammen mit den Tomaten zu dem Fleisch geben. Das Ganze mit Oregano, Basilikum, Salz und Pfeffer kräftig würzen und zugedeckt bei 75% 6 Minuten garen.

4 Die Champignons waschen, putzen und in Scheiben schneiden. Sie danach in die Hackfleischsauce geben.

5 Ein großes, flaches Mikrowellengeschirr mit der Butter oder der Margarine ausfetten und die Lasagneplatten und die Hackfleischsauce schichtweise in das Geschirr geben. Die Nudelplatten müssen unten und oben abschließen.

6 Die helle Sauce über die letzte Schicht Nudeln gießen, den Mozzarella in dünne Scheiben schneiden und diese auf der Lasagne verteilen. Das Ganze zugedeckt bei 75% 7 Minuten garen.

7 In der Zwischenzeit die Petersilie waschen, trockentupfen und fein hacken. Die Lasagne portionsweise auf 2 Tellern anrichten und mit der Petersilie bestreut servieren.

PRAKTISCHE TIPS

- **Sie können die Lasagne auch in 2 Portionsformen getrennt zubereiten. Achten Sie darauf, daß beide Formen gemeinsam in Ihr Mikrowellengerät passen. Falls Sie das Gericht nur für 1 Person zubereiten möchten, können Sie die zweite Portion im Kühlschrank aufbewahren und am nächsten Tag fertiggaren.**
- **Lasagneplatten gibt es auch als „Lasagne verde“ zu kaufen. Diese Teigplatten sind mit Spinat grün gefärbt und schmecken etwas kräftiger als die helle Variante. Die Zubereitung beider Sorten ist identisch.**
- **Wenn Ihr Mikrowellengerät über eine Grillfunktion verfügt, öffnen Sie das Mikrowellengeschirr 3 Minuten vor Ende der Garzeit, und garen Sie die Lasagne bei zugeschaltetem Grill fertig.**

BEILAGENTIP

Dazu paßt ein Rucolasalat in einer Vinaigrette und mit gehobeltem Parmesan bestreut.

REZEPTVARIATION

Wenn Sie einen würzigeren Käsegeschmack bevorzugen, verwenden Sie 100 g Raclettekäse, den Sie fein würfeln.

SCHWEINERAGOUT MIT GORGONZOLASAUCE

Infoblock

- Arbeitszeit: ca. 20 Minuten
- Garzeit: ca. 25 Minuten
- 2 Portionen
- ca. 640 kcal je Portion

Zutaten

250 g Schweinefilet
1 Knoblauchzehe
Salz
1 EL Olivenöl
1 Zwiebel
1 Karotte
1 Stange Lauch
¼ l helle Sauce (aus Instantpulver zubereitet)
2 EL Tomatenmark
100 g Gorgonzola
50 g Schinken
1 kleiner Bund Schnittlauch
schwarzer Pfeffer aus der Mühle

1 Das Schweinefilet in etwa 1 cm breite und 4 cm lange Streifen schneiden.

2 Die Knoblauchzehe mit etwas Salz zerdrücken. Sie zusammen mit dem Olivenöl in ein Mikrowellengeschirr geben und bei 100% 3 Minuten zugedeckt garen.

3 Anschließend die Schweinefiletstreifen hinzufügen und alles bei 100% 10 Minuten zugedeckt garen.

4 Inzwischen die Zwiebel und die Karotte schälen und fein würfeln. Den Lauch waschen, putzen und kleinschneiden. Das Gemüse zum Fleisch geben und die helle Sauce angießen. Das Tomatenmark darunterrühren. Den Gorgonzola und den Schinken würfeln und unter das Gemüse und das Fleisch heben. Alles bei 75% weitere 12 Minuten zugedeckt garen.

5 In der Zwischenzeit den Schnittlauch waschen, trockentupfen und in feine Röllchen schneiden. Das Ragout mit Salz und Pfeffer abschmecken. Es anschließend auf 2 Teller geben und mit dem Schnittlauch bestreut servieren.

BEILAGENTIP

Dazu passen Makkaroni (100 g Trokkengewicht) oder Bratkartoffeln (aus 300 g Pellkartoffeln).

REZEPTVARIATION

Wenn Ihnen die Gorgonzolasauce zu würzig sein sollte oder Sie keinen Edelpilzkäse mögen, verwenden Sie 2 Ecken Schmelzkäse, z.B. Chester, und fügen Sie noch 3 Eßlöffel Weißwein zu der Sauce dazu. Diese Variation des Gerichtes ist vor allem für Kinder geeignet, die Gorgonzola häufig nicht essen.

PRAKTISCHER TIP

Wenn Sie keinen Gorgonzola bekommen können, ersetzen Sie ihn durch französischen Roquefort oder englischen Stilton.

GETRÄNKETIP

Dazu paßt ein kräftiger italienischer Rotwein, z.B. ein Bardolino.

KÖNIGSBERGER KLOPSE

Infoblock

- Arbeitszeit: ca. 25 Minuten
- Garzeit: ca. 21 Minuten
- 2 Portionen
- ca. 510 kcal je Portion

Zutaten

Für die Klopse

250 g gemischtes Hackfleisch
½ EL Sardellenpaste oder
3 Sardellenfilets
1 Zwiebel
1 TL Majoran
1 TL Paprikapulver edelsüß
1 Ei
Salz, Pfeffer aus der Mühle
1 Prise Cayennepfeffer
1–2 EL Semmelbrösel
¼ l Gemüsebrühe (aus Instantpulver zubereitet)
1 Lorbeerblatt
1 Nelke
8 Pfefferkörner

Für die Sauce

1 EL Butter oder Margarine
1 Zwiebel
1 kleines Röhrchen Kapern (ca. 25 g)
1 TL Speisestärke
5 EL saure Sahne
½ TL Worcestersauce
6 Tropfen Zitronensaft

1 Das Hackfleisch zusammen mit der Sardellenpaste oder den gehackten Sardellen in eine Schüssel geben. Die Zwiebel schälen, fein würfeln und zu dem Fleisch und dem Fisch hinzufügen. Den Majoran, das Paprikapulver und das Ei dazugeben und alles gut vermischen. Die Masse mit Salz, Pfeffer und Cayennepfeffer würzen und mit den Semmelbröseln binden.

2 Die Gemüsebrühe zusammen mit dem Lorbeerblatt, der Nelke und den Pfefferkörnern in ein Mikrowellengeschirr geben und bei 100% zugedeckt 5 Minuten erhitzen.

3 In der Zwischenzeit aus der Hackfleischmasse etwa 6 Klößchen formen. Diese anschließend in die Brühe geben und bei 75% zugedeckt 8 Minuten garen. Die Klopse aus der Brühe nehmen und beiseite stellen. Den Kochsud durch ein Sieb geben und auffangen. Die Gewürze entfernen.

4 Für die Sauce die Butter oder die Margarine in ein Mikrowellengeschirr geben. Die Zwiebel schälen, fein würfeln und zu dem Fett hinzufügen. Die Kapern abtropfen lassen. Die Speisestärke mit der sauren Sahne verrühren und zusammen mit dem durchgesiebten Kochsud und den Kapern in das Geschirr geben. Das Ganze zugedeckt bei 100% 2 Minuten garen.

5 Die Sauce mit Salz, Pfeffer, Worcestersauce und Zitronensaft abschmecken.

6 Die Hackfleischklößchen in die Sauce geben und sie darin noch einmal zugedeckt bei 75% 6 Minuten garen.

BEILAGENTIP

Dazu passen sehr gut körnig gekochter Reis (100 g Trockengewicht) oder auch grüne Bandnudeln (100 g Rohgewicht).

REZEPTVARIATION

Wenn Sie die Kapern durch 1 Teelöffel Currypulver und 1 Teelöffel Sojasauce ersetzen, bekommt das Gericht eine interessante fernöstliche Note.

PRAKTISCHER TIP

Die Brühe sollte nicht sprudelnd kochen, wenn Sie die Hackfleischklößchen darin garen, da diese sonst zerfallen. Beobachten Sie während der Garzeit, und reduzieren Sie gegebenenfalls die Leistung des Mikrowellengerätes.

GETRÄNKETIPS

Dazu schmeckt ein Altbier oder auch ein Weißwein, z.B. ein trockener Riesling.

FISCHGULASCH „MARSEILLE"

Infoblock

- Arbeitszeit: ca. 25 Minuten
- Garzeit: ca. 14 Minuten
- Zeit zum Marinieren: ca. 10 Minuten
- 2 Portionen
- ca. 380 kcal je Portion

Zutaten

200 g Seelachsfilet
100 g gekochte Tintenfischringe
Saft von 1 Zitrone
1 TL gerebeltes Basilikum
Salz, Pfeffer aus der Mühle
1 EL Butter oder Margarine
1 Zwiebel
1 kleine rote Paprikaschote
1 Zucchini
1 Stange Staudensellerie
⅛ l helle Sauce (aus Instantpulver zubereitet)
1 kleines Glas gefüllte Oliven
½ TL Basilikum
½ TL Oregano
4 EL Weißwein
100 g Garnelen (geschält)

1 Das Seelachsfilet waschen und trockentupfen. Es danach in mittelgroße Stücke schneiden.

2 Die Fischstücke zusammen mit den Garnelen und den Tintenfischringen in eine Schüssel geben und mit dem Zitronensaft beträufeln. Das Basilikum darüberstreuen. Das Ganze mit Salz und Pfeffer würzen und 10 Minuten marinieren.

3 Inzwischen die Butter oder die Margarine in ein Mikrowellengeschirr geben. Die Zwiebel schälen und fein würfeln. Die Paprikaschote waschen, putzen, die Kerne und die weißen Rippen entfernen, das Fruchtfleisch in kleine Würfel schneiden.

4 Die Zucchini und den Staudensellerie waschen und beides in dünne Scheiben schneiden.

5 Das Gemüse danach in das Geschirr geben und darin zugedeckt bei 100% 3 Minuten garen. Die helle Sauce und die Oliven daruntermischen und alles mit Basilikum, Oregano, Weißwein, Salz und Pfeffer kräftig abschmecken.

6 Den Fisch und die Garnelen zusammen mit der Marinade zu dem Gemüse geben und unterheben. Alles zugedeckt bei 75% 8 Minuten garen. Das Gericht etwa 2 Minuten ruhen lassen und anschließend nochmals 3 Minuten bei 100% garen.

7 Den Fischgulasch zusammen mit etwas Sauce auf 2 Teller geben und sofort servieren.

BEILAGENTIP

Dazu schmeckt französisches Bauernweißbrot oder Baguette, dünn mit Kräuterbutter bestrichen.

REZEPTVARIATION

Wenn Sie das Gericht schärfer mögen, geben Sie noch 1 Teelöffel grüne Pfefferkörner in die Sauce.

PRAKTISCHER TIP

Tintenfischringe, die in der Mikrowelle verarbeitet werden, sollte man vorher in Salzwasser bißfest garen.

GETRÄNKETIP

Dazu paßt ein französischer Weißwein, z.B. ein Bordeaux.

HÄHNCHENSTREIFEN IN ORANGEN-KRÄUTER-SAUCE

Infoblock

- **Arbeitszeit: ca. 25 Minuten**
- **Garzeit: ca. 27 Minuten**
- **2 Portionen**
- **ca. 480 kcal je Portion**

Zutaten

2 Hähnchenbrustfilets (à ca. 150 g)
Salz, Pfeffer aus der Mühle
1 EL Butter oder Margarine
50 g geräucherter Speck
1 rote Chilischote
Saft von 1 Orange
⅛ l Geflügelbrühe (aus Instantpulver zubereitet)
½ Bund Frühlingszwiebeln
3 Zweige Koriander
2 EL Sahne
1 TL Speisestärke
1 Orange
1 Prise Zucker
2 EL Orangenlikör
2 Zweige Zitronenmelisse

GETRÄNKETIPS

- **Dazu schmeckt ein Glas trockener Weißwein, z.B. ein Chardonnay.**
- **Sie können zu diesem exotischen Gericht auch einen Jasmintee oder einen grünen Tee servieren.**

---

1 Die Hähnchenbrustfilets waschen, trockentupfen und in etwa 1 cm breite Streifen schneiden. Diese salzen und pfeffern.

---

2 Den Speck fein würfeln und zusammen mit der Butter oder der Margarine in ein Mikrowellengeschirr geben. Ihn darin zugedeckt bei 100% 3 Minuten garen.

---

3 Das Fleisch danach dazugeben und alles zugedeckt bei 100% 10 Minuten garen.

---

4 Inzwischen die Chilischote waschen, entkernen, fein hacken und zusammen mit dem Orangensaft zum Fleisch geben. Die Brühe angießen. Das Ganze bei 75% weitere 4 Minuten garen.

---

5 In der Zwischenzeit die Frühlingszwiebeln waschen, putzen und kleinschneiden. Den Koriander waschen, trockentupfen und die Blätter in feine Streifen schneiden. Die Sahne mit der Speisestärke verrühren und zusammen mit den Zwiebelstückchen und dem Koriander zum Fleisch geben. Das Ganze zugedeckt bei 100% 6 Minuten garen.

---

6 Die Orange gründlich schälen und mit einem kleinen, scharfen Messer die Filets zwischen den weißen Trennwänden herauslösen. Die Orangenstücke zum Fleisch geben. Alles mit Salz, Pfeffer, Zucker und dem Likör abschmecken und weitere 4 Minuten zugedeckt bei 75% garen.

---

7 In der Zwischenzeit die Melisse waschen, trockentupfen und die Blätter abzupfen. Das Geschnetzelte zusammen mit der Sauce auf 2 Teller geben und mit den Melisseblättern garniert servieren.

BEILAGENTIP

Dazu paßt sehr gut Basmatireis (100 g Trockengewicht) mit 3 Eßlöffeln gerösteten Mandelblättchen.

REZEPTVARIATION

Sie können die Orangenfilets durch 2 Scheiben Ananas ersetzen. Schneiden Sie diese in Stücke, und geben Sie sie in Schritt 6 zu dem Gericht. Tauschen Sie anschließend den Orangenlikör gegen 2 Eßlöffel trockenen Sherry aus.

PRAKTISCHER TIP

Achten Sie beim Zerkleinern der Chilischote darauf, alle Kerne restlos zu entfernen. Sie sind schärfer als das Fruchtfleisch und sollten nicht mitgegessen werden.

GRIECHISCHE MOUSSAKA

Infoblock

- **Arbeitszeit: ca. 30 Minuten**
- **Garzeit: ca. 23 Minuten**
- **Zeit zum Durchziehen: ca. 15 Minuten**
- **2 Portionen**
- **ca. 640 kcal je Portion**

Zutaten

1 mittelgroße Aubergine (ca. 200 g)
Salz
1 EL Olivenöl
200 g Lammhackfleisch
1 Chilischote
Pfeffer aus der Mühle
2 EL Tomatenmark
1 kleine Dose geschälte Tomaten
5 EL Weißwein
1 TL Speisestärke
2 Kartoffeln
1 mittelgroße Zucchini
½ TL Oregano
½ TL Basilikum
½ TL Thymian
100 g Schafkäse
⅛ l helle Sauce (aus Instantpulver zubereitet)
2 Eier

GETRÄNKETIP

Dazu paßt ein trockener Weißwein, z.B. ein griechischer Demestica.

1 Die Aubergine waschen und in etwa 1 cm dicke Scheiben schneiden. Diese mit dem Salz bestreuen und etwa 15 Minuten ziehen lassen.

2 Das Olivenöl zusammen mit dem Hackfleisch in ein Mikrowellengeschirr geben. Das Fleisch darin zugedeckt bei 75% 5 Minuten garen.

3 Die Chilischote waschen, putzen und die Kerne entfernen. Das Fruchtfleisch fein würfeln und zu dem Fleisch geben. Das Ganze mit Salz und Pfeffer würzen und das Tomatenmark untermischen. Die geschälten Tomaten zu dem Hackfleisch geben, den Weißwein mit der Speisestärke verrühren und beides in die Tomatensauce einrühren. Das Ganze anschließend gut durchrühren.

4 Die Hackfleisch-Tomaten-Sauce zugedeckt bei 100% 4 Minuten garen. In der Zwischenzeit die Auberginenscheiben mit Küchenpapier trockentupfen.

5 Die Kartoffeln waschen, schälen und in etwa 3 mm dicke Scheiben schneiden. Die Zucchini waschen, putzen und ebenfalls in Scheiben schneiden.

6 Nach Ende der Garzeit der Sauce diese abwechselnd mit dem Gemüse in eine Mikrowellenform schichten. Das Ganze zwischendurch immer wieder mit Oregano, Basilikum und Thymian bestreuen, salzen und pfeffern.

7 Den Schafkäse fein würfeln. Die helle Sauce mit den Eiern und dem Käse verrühren und diese Mischung auf der Moussaka verteilen. Den Auflauf zugedeckt bei 75% 14 Minuten garen und danach auf 2 Tellern servieren.

BEILAGENTIPS

- **Dazu paßt griechisches Fladenbrot.**
- **Zu der Moussaka schmeckt ein Krautsalat oder ein grüner Salat mit einer Olivenölvinaigrette.**

REZEPTVARIATIONEN

- **Wenn Sie den etwas strengen Geschmack von Lammhackfleisch nicht mögen, ersetzen Sie es durch 200 g Rinderhackfleisch.**
- **Falls Sie gerne Knoblauch essen, geben Sie 2 feingehackte Knoblauchzehen in die Sauce.**

PRAKTISCHE TIPS

- **Lammhackfleisch bekommen Sie in türkischen Lebensmittelgeschäften.**
- **Falls Ihr Mikrowellengerät über eine Grillfunktion verfügt, decken Sie das Geschirr 3 Minuten vor Ende der Garzeit auf, und garen Sie die Moussaka bei zugeschaltetem Grill fertig.**

ORIENTALISCHER REISTOPF

Infoblock

- **Arbeitszeit: ca. 20 Minuten**
- **Garzeit: ca. 24 Minuten**
- **2 Portionen**
- **ca. 480 kcal je Portion**

Zutaten

1 EL Butter oder Margarine
1 Knoblauchzehe
Salz
200 g Lammhackfleisch
1 Zwiebel
1 kleine rote Paprikaschote
100 g Champignons
2 Scheiben Ananas (aus der Dose)
4 EL Ketchup
4 EL Tomatenmark
1/8 l Gemüsebrühe (aus Instantpulver zubereitet)
Pfeffer aus der Mühle
1 TL Currypulver
1/4 TL Korianderpulver
1 Msp. Ingwerpulver
1 Msp. Cayennepfeffer
1 kleine Banane
5 EL saure Sahne
200 g gekochter Reis
1/2 Bund Petersilie

GETRÄNKETIPS

Dazu paßt ein arabischer Pfefferminztee oder ein schwarzer Tee mit Limonensaft.

1 Die Butter oder die Margarine in ein Mikrowellengeschirr geben. Die Knoblauchzehe schälen und mit etwas Salz zerreiben oder fein hacken. Sie danach zu dem Fett hinzufügen und darin bei 100% 3 Minuten zugedeckt garen.

2 Das Lammhackfleisch dazugeben und alles zugedeckt bei 75% 5 Minuten garen.

3 In der Zwischenzeit die Zwiebel schälen, die Paprikaschote waschen, putzen und beides in kleine Würfel schneiden. Die Champignons waschen, putzen und in Scheiben schneiden. Die Ananasscheiben in Stückchen schneiden. Alles zu dem Fleisch geben und daruntermischen.

4 Den Ketchup und das Tomatenmark miteinander verrühren. Diese Mischung zusammen mit der Gemüsebrühe zu dem Fleisch und dem Gemüse geben. Das Ganze mit Salz, Pfeffer, Currypulver, Koriander, Ingwer und Cayennepfeffer kräftig würzen und zugedeckt bei 75% 10 Minuten garen.

5 Die Banane in Scheiben schneiden und zusammen mit der sauren Sahne und dem Reis zum Gemüse geben und noch einmal zugedeckt bei 75% 6 Minuten garen.

6 In der Zwischenzeit die Petersilie waschen, trockentupfen und fein hacken. Das fertig gegarte Gericht auf 2 Tellern anrichten und mit der Petersilie bestreut servieren.

BEILAGENTIP

Dazu paßt ein Chinakohl- oder ein Chicoréesalat mit einem fruchtigen Orangen-Sahne-Dressing.

REZEPTVARIATION

Falls Sie lieber einen feineren Geschmack mögen, tauschen Sie das Lammhackfleisch durch 200 g Putenbrustfilet aus. Schneiden Sie dieses in kleine Würfel und garen Sie diese genau wie das Hackfleisch.

PRAKTISCHER TIP

Sie können den Reis auch zusammen mit dem Gericht garen. Geben Sie dazu 70 g Reis (Rohgewicht) zusammen mit 150 ml Wasser in Schritt 4 zu dem Gemüse und dem Fleisch. Garen Sie das Gericht danach wieim Rezept beschrieben fertig. Falls der Reis am Ende der Garzeit noch zu fest ist, garen Sie das Gericht noch einige Minuten bei 25% weiter.

MEDITERRANER MUSCHELTOPF

Infoblock

- Arbeitszeit: ca. 25 Minuten
- Garzeit: ca. 17 Minuten
- 2 Portionen
- ca. 370 kcal je Portion

Zutaten

100 g Muschelnudeln
Salz
1 EL Butter oder Margarine
1 Zwiebel
1 kleines Päckchen TK-Suppengrün
1 kleine Zucchini
½ rote Paprikaschote
½ grüne Paprikaschote
1 kleine Dose geschälte Tomaten (ca. 400 g)
¼ l Fischfond (aus dem Glas)
1 Lorbeerblatt
1 Nelke
4 Wacholderbeeren
Saft von ½ Zitrone
6 Tropfen Worcestersauce
Pfeffer aus der Mühle
200 g Muschelfleisch (aus dem Glas)

1 Die Nudeln in etwa 2 l kochendem, gesalzenem Wasser auf dem Herd bißfest garen. Sie danach in ein Sieb schütten und abschrecken.

2 In der Zwischenzeit die Butter oder die Margarine in ein Mikrowellengeschirr geben. Die Zwiebel schälen, fein würfeln und zusammen mit dem Suppengrün zu dem Fett geben.

3 Die Zucchini waschen, putzen und in etwa 2 mm dicke Scheiben schneiden. Die Paprikaschote waschen, putzen, die Kerne und die weißen Rippen entfernen. Das Fruchtfleisch in Streifen schneiden. Die Gemüsestücke zusammen mit den Tomaten in das Geschirr geben und alles zugedeckt bei 75% 6 Minuten garen.

4 Den Fischfond zu dem Gemüse geben, das Lorbeerblatt, die Nelke und die Wacholderbeeren hinzufügen. Alles mit Zitronensaft, Worcestersauce, Salz und Pfeffer würzen.

5 Das Muschelfleisch in ein Sieb geben, abtropfen lassen und es anschließend in den Fischfond geben. Es darin zusammen mit dem Gemüse zugedeckt bei 75% 6 Minuten garen.

6 Die Gewürze aus dem Sud entfernen. Die gegarten Nudeln dazugeben und daruntermischen. Das Gericht noch einmal zugedeckt bei 100% 5 Minuten garen.

7 Den Muscheltopf anschließend zusammen mit der Sauce auf 2 Teller geben und sofort servieren.

BEILAGENTIP

Dazu paßt Baguette und ein Tomatensalat mit Zwiebeln.

REZEPTVARIATION

Wenn Sie Muschelfleisch nicht mögen, ersetzen Sie es durch 200 g Fischfilet. Schneiden Sie dieses in etwa 2 cm große Würfel, und garen Sie es ab Schritt 3 zusammen mit dem Gemüse.

PRAKTISCHER TIP

Muschelfleisch gibt es tiefgefroren oder als Konserve, in Marinade eingelegt. Bevorzugen Sie eingelegte Muscheln, sie bleiben bei der Zubereitung in der Mikrowelle saftiger.

GETRÄNKETIP

Dazu schmeckt ein trockener, spanischer Rotwein, z.B. ein Rioja.

SCHWEINEFILET MIT FRANZÖSISCHEM GEMÜSE

Infoblock

- Arbeitszeit: ca. 15 Minuten
- Garzeit: ca. 25 Minuten
- 2 Portionen
- ca. 440 kcal je Portion

Zutaten

300 g Schweinefilet
1 EL Butter oder Margarine
1 Zwiebel
5 EL Weißwein
1/8 l Gemüsebrühe (aus Instantpulver zubereitet)
Pfeffer aus der Mühle
300 g TK-Gemüse (z.B. „Französische Art“)
1/2 TL Paprikapulver edelsüß
1 Msp. Cayennepfeffer
1 EL Crème fraîche
2 EL geriebener Gouda

1 Das Schweinefilet waschen und trockentupfen. Es danach mit einem scharfen Messer in etwa 2 cm dicke Scheiben schneiden.

2 Die Butter oder die Margarine in ein Mikrowellengeschirr geben. Die Zwiebel schälen, fein würfeln und zu dem Fett geben. Sie darin zugedeckt bei 100% 3 Minuten garen.

3 Das Fleisch zu dem Fett und den Zwiebelwürfeln geben. Den Weißwein und die Gemüsebrühe angießen und alles mit dem Pfeffer würzen. Das Fleisch in der Flüssigkeit zugedeckt bei 100% 11 Minuten garen.

4 Das Gemüse zu den Filetscheiben geben und das Ganze noch einmal zugedeckt bei 100% 11 Minuten garen.

5 Das Gericht mit dem Paprikapulver und dem Cayennepfeffer abschmecken. Die Crème fraîche mit einigen Eßlöffeln Gemüsebrühe aus dem Mikrowellengeschirr verrühren und alles danach unter das Gemüse mischen.

6 Die Fleischscheiben fächerartig auf 2 Teller legen. Das Gemüse und die Sauce neben dem Schweinefilet anrichten, mit dem Käse bestreuen und sofort servieren.

BEILAGENTIPS

- **Dazu schmeckt Baguette mit Butter.**
- **Sie können zu diesem Gericht einen Kräuterreis servieren. Vermischen Sie dazu den gekochten Reis (100 g Trockengewicht) mit 2 Eßlöffeln gemischten, gehackten Kräutern.**

REZEPTVARIATION

Besonders festlich wird das Schweinefilet, wenn Sie jede Portion mit 1 Eßlöffel Calvados oder grünem Escorial flambieren.

PRAKTISCHER TIP

Geben Sie hochprozentigen Alkohol nicht in das Gericht, solange Sie es noch in der Mikrowelle garen. Er könnte sich dort durch die große Hitzeentwicklung entzünden.

GETRÄNKETIP

Dazu paßt ein Weißwein, z.B. ein Chablis.

LEICHTER BOHNENTOPF

Infoblock

- Arbeitszeit: ca. 15 Minuten
- Garzeit: ca. 16 Minuten
- 2 Portionen
- ca. 180 kcal je Portion

Zutaten

1 EL Sonnenblumenöl
1 Zwiebel
1 große rote Paprikaschote
1 kleine Dose geschälte Tomaten (ca. 400 g)
⅛ l Gemüsebrühe (aus Instantpulver zubereitet)
1 TL Paprikapulver edelsüß
Salz, Pfeffer aus der Mühle
½ TL gerebelter Oregano
½ TL gerebeltes Bohnenkraut
450 g TK-Bohnen (grün)
8 grüne Oliven (ohne Stein)
1 kleines Röhrchen Kapern (ca. 25 g)
½ Bund Schnittlauch

1 Das Sonnenblumenöl in ein Mikrowellengeschirr geben. Die Zwiebel schälen, fein würfeln und zugedeckt im Öl bei 100% 3 Minuten garen.

2 Inzwischen die Paprikaschote waschen, putzen, entkernen und die weißen Rippen entfernen. Das Fruchtfleisch in Streifen schneiden. Diese zu dem Fett und den Zwiebelwürfeln geben und die Tomaten und die Gemüsebrühe dazufügen.

3 Das Ganze mit Paprikapulver, Salz, Pfeffer, Oregano und Bohnenkraut würzen. Die Bohnen daruntermischen und alles noch einmal zugedeckt bei 100% 10 Minuten garen.

4 Die Oliven fein hacken und die Kapern in ein Sieb geben und abtropfen lassen. Beides anschließend zu dem Gemüse geben und zugedeckt bei 100% 3 Minuten garen.

5 Den Schnittlauch in der Zwischenzeit waschen, trockentupfen und in feine Röllchen schneiden. Den Bohnentopf nach Ende der Garzeit in 2 Teller geben, mit dem Schnittlauch bestreuen und sofort servieren.

BEILAGENTIPS

- **Dazu schmeckt Baguette, dünn mit Kräuter- oder Pfefferbutter bestrichen.**
- **Ein kräftiges Roggenbrot paßt auch sehr gut zum Bohnentopf**

REZEPTVARIATION

In den Bohnentopf können Sie zusätzlich 100 g Tofu (in Würfeln) oder 100 g Tofuwürstchen (in Scheiben) geben. Falls Sie Tofu nicht mögen, verwenden Sie 100 g Gouda (in Würfeln). Geben Sie sie kurz vor dem Servieren in die Suppe und erhitzen Sie diese noch 1 Minute bei 100%.

PRAKTISCHER TIP

Die TK-Bohnen können Sie in gefrorenem Zustand in das Mikrowellengeschirr geben. Selbstverständlich ist auch die Verwendung von frischen Bohnen möglich. Schneiden Sie diese nach dem Waschen und Putzen in etwa 4 cm lange Stücke. Geben Sie sie, wie im Rezept angegeben, in Schritt 3 zum Fett und Gemüse, und garen Sie alles zusammen weiter.

GETRÄNKETIPS

Dazu paßt ein kühles Bier oder eine Apfelsaftschorle.

Gefüllte Zucchini

Infoblock

- Arbeitszeit: ca. 25 Minuten
- Garzeit: ca. 17 Minuten
- 2 Portionen
- ca. 540 kcal je Portion

Zutaten

Für die Zucchini

2 mittelgroße Zucchini
Saft von 1 Zitrone
Salz, Pfeffer aus der Mühle

Für die Füllung

1 Bund Frühlingszwiebeln
100 g Champignons
1 Bund Schnittlauch
125 g geriebener Cheddar
1 Ei
2 EL Semmelbrösel
Salz, Pfeffer aus der Mühle
1 Prise geriebene Muskatnuß

Für die Sauce

1 Knoblauchzehe
1 Zwiebel
1 EL Butter oder Margarine
Salz
¼ l helle Sauce (aus Instantpulver zubereitet)
2 EL Tomatenmark
½ TL Oregano
½ TL Basilikum
2 Zweige Kerbel

1 Die Zucchini waschen, der Länge nach halbieren und mit einem Teelöffel das Innere aushöhlen. Das ausgelöste Fruchtfleisch kleinschneiden. Die Zucchinihälften und das Fruchtfleisch mit dem Zitronensaft beträufeln und salzen und pfeffern.

2 Die Frühlingszwiebeln und die Champignons waschen, putzen und sehr kleinschneiden. Den Schnittlauch waschen, trockentupfen und fein schneiden. Das gesamte kleingeschnittene Gemüse, den Schnittlauch, den Cheddar und das Ei in eine Schüssel geben.

3 Das Ganze mit Salz, Pfeffer und Muskat kräftig würzen und zusammen mit den Semmelbröseln zu einer Masse verkneten. Diese Mischung nun in die ausgehöhlten Zucchinihälften füllen.

4 Ein Mikrowellengeschirr mit der Knoblauchzehe ausreiben. Die Zwiebel schälen und in Streifen schneiden. Diese zusammen mit dem Fett und etwas Salz in das Geschirr geben und zugedeckt darin bei 100% 3 Minuten garen.

5 Die gefüllten Zucchini danach in das Geschirr setzen, die helle Sauce und das Tomatenmark miteinander vermischen und mit Oregano und Basilikum würzen. Die Sauce anschließend über die Zucchinihälften gießen.

6 Das gefüllte Gemüse zugedeckt bei 75% 14 Minuten garen. In der Zwischenzeit den Kerbel waschen, trockentupfen und die Blätter von den Stielen zupfen.

7 Die gefüllten Zucchini zusammen mit der Sauce auf 2 Tellern anrichten und mit einigen Kerbelblättern garnieren.

Beilagentip

Dazu paßt Vollkornreis-Getreide-Mischung (100 g Trockengewicht) oder Reis (100 g Trockengewicht) mit 2 in feine Streifen geschnittenen Frühlingszwiebeln vermischt.

Rezeptvariation

Höhlen Sie 4 kleine Kohlrabi aus, und schneiden Sie das Fruchtfleisch klein. Verfahren Sie dann weiter genauso wie im Rezept mit den Zucchini beschrieben. Zusätzlich können Sie den geriebenen Cheddar gegen 125 g gewürfelten Roquefort austauschen.

Praktischer Tip

Feste Gemüsesorten lassen sich oft nur sehr schwierig mit einem Löffel aushöhlen. Versuchen Sie es einmal mit einem scharfen Grapefruitlöffel oder dem gebogenen Grapefruitmesser.

GETRÄNKETIP

Zu den gefüllten Zucchini paßt ein leichter Rosé, z.B. ein Badischer Weißherbst.

BANDNUDELN IN KÄSE-PILZ-SAUCE

Infoblock

- Arbeitszeit: ca. 30 Minuten
- Garzeit: ca. 18 Minuten
- 2 Portionen
- ca. 540 kcal je Portion

Zutaten

150 g grüne Bandnudeln
Salz
1 EL Olivenöl
1 Zwiebel
1 Karotte
1 Stange Lauch
5 EL Weißwein
1 kleine Dose Mischpilze (ca. 200 g)
3 EL saure Sahne
50 g geriebener Gouda
Pfeffer aus der Mühle
1 Prise geriebene Muskatnuß
½ Bund Petersilie

GETRÄNKETIP

Zu diesem Gericht paßt eine Weißwein- oder Apfelsaftschorle.

1 Die Bandnudeln auf dem Herd in etwa 2 l gesalzenem Wasser bißfest garen. Sie danach in ein Sieb schütten und abschrecken.

2 Das Olivenöl in ein Mikrowellengeschirr geben. Die Zwiebel schälen und fein würfeln. Die Karotte schälen, den Lauch waschen, putzen und beides anschließend in Scheiben schneiden. Das gesamte Gemüse zu dem Fett geben und darin zugedeckt bei 100% 3 Minuten garen.

3 Den Weißwein angießen und alles zugedeckt bei 75% weitere 8 Minuten garen.

4 In der Zwischenzeit die Pilze in ein Sieb schütten und abtropfen lassen. Sie danach zusammen mit der sauren Sahne und dem Gouda unter das Gemüse mischen und alles mit Salz, Pfeffer und Muskat kräftig würzen. Das Ganze noch einmal zugedeckt bei 75% 2 Minuten garen.

5 Die abgetropften Bandnudeln anschließend hinzugeben und unterheben. Das Geschirr verschließen und alles bei 100% 5 Minuten garen.

6 In der Zwischenzeit die Petersilie waschen, trockentupfen und fein hacken. Die Bandnudeln in der Käse-Pilz-Sauce auf 2 Tellern anrichten und mit der Petersilie bestreut servieren.

BEILAGENTIP

Dazu paßt ein Tomatensalat mit einigen Zwiebelringen in einer Schnittlauchvinaigrette.

REZEPTVARIATION

Sehr gut schmeckt dieses Gericht auch mit 250 g frischen Pfifferlingen. Die frischen Pilze müssen Sie vor der Verwendung gründlich putzen, grob zerkleinern und bereits zusammen mit dem Gemüse in Schritt 2 zugeben und garen.

PRAKTISCHER TIP

Wenn Sie Nudeln in der Mikrowelle garen möchten, verwenden Sie reichlich Salzwasser mit wenigen Tropfen Öl vermischt. Die Garzeit beträgt dann bei 75% etwa 15 Minuten. Sie sollten zwischendurch mehrmals umrühren und darauf achten, daß das Wasser nicht überkocht. Schalten Sie in diesem Fall auf 50% Leistung.

BALKANGEMÜSEPFANNE MIT REIS

Infoblock

- Arbeitszeit: ca. 15 Minuten
- Garzeit: ca. 19 Minuten
- 2 Portionen
- ca. 540 kcal je Portion

Zutaten

1 EL Olivenöl
1 Zwiebel
1 Knoblauchzehe
75 g Langkornreis
¼ l Gemüsebrühe (aus Instantpulver zubereitet)
Salz, Pfeffer aus der Mühle
1 TL Paprikapulver rosenscharf
1 TL gerebeltes Basilikum
2 EL Tomatenmark
2 EL Rotwein
300 g TK-Balkangemüse
100 g Schafkäse
10 grüne Oliven ohne Stein
½ Bund Petersilie

1 Das Olivenöl in ein Mikrowellengeschirr geben. Die Zwiebel und die Knoblauchzehe schälen und fein hacken. Beides zusammen in das Olivenöl geben und darin zugedeckt bei 100% 3 Minuten garen.

2 Den Reis zusammen mit der Gemüsebrühe zu dem Knoblauch und der Zwiebel geben. Alles gut durchmischen.

3 Die Flüssigkeit mit Salz, Pfeffer, Paprikapulver und Basilikum würzen. Das Tomatenmark und den Rotwein hinzufügen und alles gut verrühren. Das Ganze anschließend zugedeckt bei 100% 5 Minuten garen.

4 Das Gemüse zum Reis in das Geschirr geben. Alles noch einmal zugedeckt bei 100% 11 Minuten garen.

5 In der Zwischenzeit den Schafkäse in kleine Würfel schneiden und die Oliven fein würfeln. Die Petersilie waschen, trockentupfen und fein hacken.

6 Die Gemüsepfanne auf 2 Tellern anrichten und mit den Schafkäsewürfeln, den grünen Oliven und der Petersilie bestreuen. Sie danach sofort servieren.

BEILAGENTIP

Dazu schmeckt Blattsalat, z.B. Kopfsalat oder Rucola mit einem Sauerrahmdressing.

REZEPTVARIATION

Sie können dieses Gericht auch mit frischem Gemüse Ihrer Wahl zubereiten. Tauschen Sie das TK-Gemüse gegen insgesamt 400 g Paprika, grüne Bohnen, Weißkohl und Zwiebeln aus. Putzen und zerkleinern Sie das Gemüse, und geben Sie es schon in Schritt 3 zu dem Gericht. Garen Sie alles weiter wie angegeben.

PRAKTISCHER TIP

Probieren Sie am Ende der Garzeit des Gerichtes, ob der Reis nicht noch zu viel Biß hat. Durch verschiedene Gefäßgrößen und andere Einflüsse kann sich die Garzeit etwas verlängern. In diesem Fall garen Sie die Gemüsepfanne noch 3 Minuten bei 75%.

GETRÄNKETIP

Dazu schmeckt sehr gut ein griechischer Rotwein, z.B. ein Demestica.

SPARGELFRIKASSEE

Infoblock

- Arbeitszeit: ca. 15 Minuten
- Garzeit: ca. 19 Minuten
- 2 Portionen
- ca. 370 kcal je Portion

Zutaten

1 EL Butter oder Margarine
1 Zwiebel
350 g Kartoffeln
1/8 l Gemüsebrühe (aus Instantpulver zubereitet)
1/8 l helle Sauce (aus Instantpulver zubereitet)
Salz, Pfeffer aus der Mühle
1 Prise geriebene Muskatnuß
4 Tropfen Worcestersauce
3 EL Weißwein
1 Dose Spargelstücke (ca. 400 g)
2 hartgekochte Eier
1/2 Bund Petersilie
1 EL Crème fraîche

1 Die Butter oder die Margarine in ein Mikrowellengeschirr geben. Die Zwiebel schälen, fein würfeln und hinzufügen. Sie dann zugedeckt bei 100% 3 Minuten garen.

2 Inzwischen die Kartoffeln waschen, schälen und in etwa 3 mm dicke Scheiben schneiden. Diese zu den Zwiebelwürfeln und dem Fett geben und die Gemüsebrühe und die helle Sauce angießen. Alles zugedeckt bei 75% 10 Minuten garen.

3 Das Ganze mit Salz, Pfeffer, Muskat und Worcestersauce kräftig würzen und den Weißwein angießen. Die Spargelabschnitte in ein Sieb geben und abtropfen lassen. Sie anschließend in die Sauce geben und darunter mischen. Das Ganze noch einmal zugedeckt bei 100% 6 Minuten garen.

4 In der Zwischenzeit die hartgekochten Eier schälen und in Scheiben schneiden. Die Petersilie waschen, trockentupfen und fein hacken.

5 Die Crème fraîche nach Ende der Garzeit des Gerichtes in die Sauce einrühren und das Frikassee danach auf 2 Teller geben. Es mit den Eischeiben garnieren und mit der Petersilie bestreuen.

BEILAGENTIP

Dazu schmeckt ein bunter Salatteller, z.B. aus Kopfsalat, Radieschen, Tomaten- und Gurkenscheiben mit einem Joghurtdressing.

REZEPTVARIATION

Eine besonders edle Variante des Spargelfrikassees wird mit grünem Spargel und Shrimps zubereitet. Tauschen Sie dazu den weißen gegen 400 g grünen Spargel aus dem Glas aus. Geben Sie 100 g Shrimps in Schritt 3 zu dem Frikassee, und garen Sie das Ganze anschließend wie im Rezept angegeben fertig.

PRAKTISCHER TIP

Sie können das Frikassee auch mit 500 g frischem Spargel zubereiten. Schälen Sie diesen und schneiden Sie ihn in etwa 4 cm lange Stücke. Geben Sie diese bereits in Schritt 2 zu und garen Sie das Gericht wie im Rezept beschrieben.

GETRÄNKETIPS

Dazu paßt ein herber Cidre oder ein Weißwein, z.B. ein grauer Burgunder.

PILZRISOTTO MIT WALNÜSSEN

Infoblock

- Arbeitszeit: ca. 15 Minuten
- Garzeit: ca. 19 Minuten
- 2 Portionen
- ca. 460 kcal je Portion

Zutaten

1 EL Walnußöl
1 Zwiebel
1 Knoblauchzehe
½ rote Paprikaschote
100 g TK-Erbsen
125 g Langkornreis
¼ l Gemüsebrühe (aus Instantpulver zubereitet)
Salz, Pfeffer aus der Mühle
¼ TL gerebelter Thymian
2 EL Weißwein
1 kleine Dose Mischpilze (etwa 200 g)
½ Bund Petersilie
1 EL Crème fraîche
3 EL gehackte Walnüsse

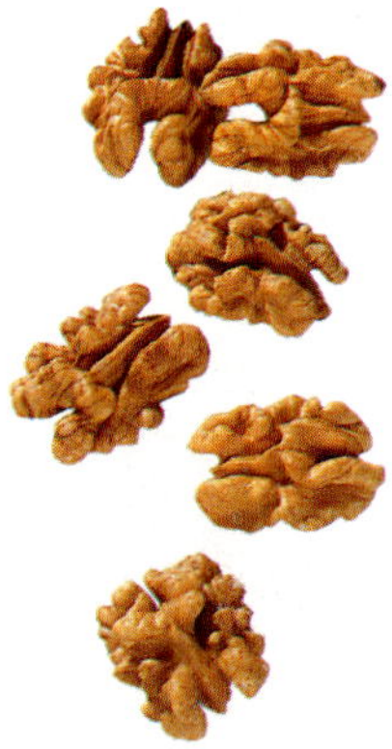

1 Das Walnußöl in ein Mikrowellengeschirr geben. Die Zwiebel und die Knoblauchzehe schälen und beides fein würfeln. Die Zwiebel- und Knoblauchwürfel zu dem Fett geben und zugedeckt bei 100% 3 Minuten garen.

2 Inzwischen die Paprikaschote waschen, putzen, die Kerne und die weißen Rippen entfernen. Das Fruchtfleisch in feine Streifen schneiden. Diese zusammen mit den Erbsen und dem Reis zu dem Fett und den Zwiebel- und Knoblauchstückchen geben. Die Gemüsebrühe angießen und alles mit Salz, Pfeffer und Thymian würzen. Das Gemüse und den Reis zugedeckt bei 100% 11 Minuten garen.

3 Die Pilze in ein Sieb schütten und abtropfen lassen. Sie zusammen mit dem Weißwein zum Risotto geben und alles gut durchmischen. Das Ganze noch einmal zugedeckt bei 100% 5 Minuten garen.

4 Die Petersilie waschen, trockentupfen und fein hacken. Die Crème fraîche nach Ende der Garzeit unter den Reis und das Gemüse mischen.

5 Das Risotto auf 2 Tellern anrichten und mit den gehackten Walnüssen und der Petersilie bestreut servieren.

BEILAGENTIP

Dazu schmeckt Gurkensalat in einer Vinaigrette mit 1 Eßlöffel Dill und einigen schwarzen Oliven.

REZEPTVARIATION

Sehr fein schmeckt dieses Gericht auch mit Pfifferlingen oder Steinpilzen aus der Dose. Tauschen Sie diese gegen die Mischpilze aus. Sie können das Risotto jedoch auch mit 300 g frischen Pilzen zubereiten. Geben Sie diese nach dem Putzen und Zerkleinern 5 Minuten vor Ende der Garzeit in Schritt 2 zu Reis und Gemüse, und garen Sie alles wie beschrieben weiter. Die Garzeit verlängert sich dann um etwa 2 Minuten bei 100%.

PRAKTISCHE TIPS

- **Den Reis sollten Sie vor dem Garen in ein Sieb geben und unter fließendem Wasser gründlich abwaschen.**
- **Risotto wird im Original mit Rundkornreis zubereitet. Das Gericht bekommt so eine noch cremigere Konsistenz.**

GETRÄNKETIPS

Dazu paßt ein gut gekühltes Pils oder eine Weißweinschorle.

KARTOFFELGRATIN

Infoblock

- Arbeitszeit: ca. 15 Minuten
- Garzeit: ca. 19 Minuten
- 2 Portionen
- ca. 370 kcal je Portion

Zutaten

400 g Kartoffeln
1 Zwiebel
1 EL Butter oder Margarine
4 EL Weißwein
¼ l Gemüsebrühe (aus Instantpulver zubereitet)
Salz, Pfeffer aus der Mühle
1 Prise geriebene Muskatnuß
1 Prise gemahlener Kümmel
1 Prise Cayennepfeffer
100 g saure Sahne
1 TL Speisestärke
7 Tropfen Worcestersauce
50 g geriebener Emmentaler
1 Bund Petersilie

---

1 Die Kartoffeln waschen, schälen und in etwa 2 mm dicke Scheiben schneiden oder hobeln. Die Zwiebel schälen und fein würfeln. Die Butter oder die Margarine zusammen mit den Zwiebelwürfeln in ein Mikrowellengeschirr geben und diese darin bei 100% 3 Minuten garen.

---

2 Die Kartoffelscheiben dazufügen, den Weißwein und die Gemüsebrühe angießen. Alles mit Salz, Pfeffer, Muskat, Kümmel und Cayennepfeffer kräftig abschmecken und danach zugedeckt bei 75% 10 Minuten garen.

---

3 Die saure Sahne mit der Speisestärke verrühren und mit der Worcestersauce aromatisieren. Die Flüssigkeit anschließend über die Kartoffeln geben. Den Emmentaler auf das Gratin streuen.

---

4 Das Ganze zugedeckt bei 100% etwa 6 Minuten garen. In der Zwischenzeit die Petersilie waschen, trockentupfen und fein hacken. Das Gratin nach Ende der Garzeit auf 2 Tellern anrichten und mit der Petersilie bestreut servieren.

BEILAGENTIP

Zu diesem Gericht paßt ein Blattsalat mit Kresse oder Rucola (Rauke) in einer Vinaigrette.

REZEPTVARIATION

Probieren Sie dieses Gericht auch als Gemüsegratin, z.B. mit 200 g Zucchini, Kohlrabi oder Karotten. Schneiden Sie das Gemüse nach dem Putzen in etwa 2 mm dicke Scheiben und geben Sie diese zusammen mit den Kartoffelscheiben in das Mikrowellengeschirr. Garen Sie das Gratin wie im Rezept beschrieben. Die Kartoffelmenge sollten Sie dann um 150 g reduzieren.

PRAKTISCHER TIP

Verwenden Sie zum Schneiden der Kartoffelscheiben einen Küchenhobel. So werden die Scheiben gleichmäßig dünn und garen einheitlich schnell.

GETRÄNKETIP

Dazu paßt sehr gut ein kühles Weizenbier.

CHINESISCHER GEMÜSETOPF MIT GLASNUDELN

Infoblock

- Arbeitszeit: ca. 10 Minuten
- Garzeit: ca. 14 Minuten
- Zeit zum Quellen: ca. 20 Minuten
- 2 Portionen
- ca. 330 kcal je Portion

Zutaten

50 g Glasnudeln
1 EL Sojaöl
2 Zwiebeln
300 g TK-Chinesisches Pfannengemüse
¼ l Gemüsebrühe (aus Instantpulver zubereitet)
2 EL Weißwein
1 TL Sojasauce
4 Tropfen Worcestersauce
1 Msp. Ingwerpulver
1 Msp. Currypulver
Pfeffer aus der Mühle
2 EL Mandelblättchen

1 Die Glasnudeln für etwa 20 Minuten in lauwarmem Wasser einweichen. Das Sojaöl in ein Mikrowellengeschirr geben. Die Zwiebeln schälen und fein würfeln. Sie zu dem Fett geben und darin zugedeckt bei 100% 3 Minuten garen.

2 Das Gemüse zusammen mit der Brühe und dem Weißwein zu den Zwiebelwürfeln und dem Fett geben und alles zugedeckt bei 100% 7 Minuten garen.

3 Das Ganze anschließend mit Sojasauce, Worcestersauce, Ingwerpulver, Currypulver und Pfeffer kräftig abschmecken.

4 Die eingeweichten Glasnudeln aus dem Wasser nehmen, etwas zerkleinern und zu dem Gemüse geben. Alles gut durchmischen und noch einmal zugedeckt bei 100% 4 Minuten garen.

5 Auf 2 Tellern anrichten und mit den Mandelblättchen bestreut servieren.

BEILAGENTIPS

- Dazu schmecken Reiskräcker oder Bananenchips.
- Reichen Sie als Dessert eine Auswahl an exotischem Obst, wie z.B. Papaya, Mango, Litschis, Minibananen, Sternfrucht usw.

REZEPTVARIATION

Dieses sehr leichte Gericht wird etwas sättigender, wenn Sie zusammen mit den Glasnudeln 100 g in Würfel geschnittenen Tofu zum Gemüse geben. Garen Sie den Gemüsetopf anschließend wie im Rezept beschrieben fertig.

PRAKTISCHER TIP

Achten Sie darauf, daß das Gemüse nicht stark gewürzt ist. Sollte dies dennoch der Fall sein, brauchen Sie es eventuell gar nicht mehr zusätzlich zu würzen.

GETRÄNKETIPS

- Dazu paßt Reiswein (Sake) oder eine Orangensaftschorle.
- Sie können auch einen Jasmintee zu diesem asiatischen Gericht servieren.

SPIRELLI MIT GEMÜSE IN SEKTSAUCE

Infoblock

- **Arbeitszeit: ca. 25 Minuten**
- **Garzeit: ca. 18 Minuten**
- **2 Portionen**
- **ca. 590 kcal je Portion**

Zutaten

150 g Spirelli (Spiralnudeln)
Salz
1 EL Butter oder Margarine
1 Zwiebel
½ rote Paprikaschote
½ grüne Paprikaschote
½ gelbe Paprikaschote
4 EL Sekt oder Champagner
⅛ l helle Sauce (aus Instantpulver zubereitet)
½ TL Thymian
Pfeffer aus der Mühle
2 EL Crème fraîche
1 kleine Dose Erbsen (ca. 200 g)
½ Bund Petersilie
1 EL gehackte Pistazien

GETRÄNKETIP

Servieren Sie dazu den Sekt oder Champagner, den Sie für die Sauce verwendet haben.

1 Die Nudeln in etwa 2 l gesalzenem Wasser auf dem Herd bißfest garen. Sie anschließend in ein Sieb schütten und abschrecken.

2 Die Butter oder die Margarine in ein Mikrowellengeschirr geben. Die Zwiebel schälen und fein würfeln. Die Paprikaschoten waschen, putzen, entkernen und die Rippen entfernen. Das Fruchtfleisch in feine Streifen schneiden.

3 Das Gemüse zu dem Fett geben und alles zugedeckt bei 100% 3 Minuten garen. Den Sekt oder den Champagner angießen und das Gemüse darin zugedeckt bei 75% 8 Minuten garen.

4 Die helle Sauce dazugeben und alles mit Thymian, Salz und Pfeffer abschmecken. Die Crème fraîche in die Flüssigkeit einrühren und das Ganze noch einmal zugedeckt bei 75% 2 Minuten garen.

5 Anschließend die gegarten Spiralnudeln zusammen mit den Erbsen in die Sauce geben und alles gut vermischen. Das ganze Gericht zugedeckt bei 100% 5 Minuten garen.

6 In der Zwischenzeit die Petersilie waschen, trockentupfen und fein hacken. Die Nudeln und das Gemüse in der Sektsauce auf 2 Teller geben und mit der Petersilie und den gehackten Pistazien bestreut servieren.

BEILAGENTIP

Dazu schmeckt ein bunt gemischter Salatteller, z.B. Blattsalat der Saison, Tomaten- und Gurkenscheiben, Zwiebelringe und Oliven mit einer Vinaigrette.

REZEPTVARIATION

Wenn Sie einen etwas herzhafteren Geschmack bevorzugen, rühren Sie zusätzlich 1 Teelöffel scharfen Senf in die Sauce und ersetzen die Pistazien durch 2 hartgekochte, in Scheiben geschnittene Eier.

PRAKTISCHER TIP

Wenn Sie wenig Zeit haben, können Sie dieses Gericht mit TK-Petersilie und TK-Gemüse (z.B. Brokkoli oder Champignons) zubereiten. Verwenden Sie das Gemüse in gefrorenem Zustand, und garen Sie es wie im Rezept angegeben. TK-Gemüse und -kräuter lassen sich gut portionieren, sind jederzeit verfügbar und sparen viel Zeit bei der Zubereitung.

Rezeptverzeichnis nach Zutaten

Mit Fleisch und Geflügel

Mit Hackfleisch, Speck oder Wurstwaren

Mit Fisch oder Meeresfrüchten

Mit Käse

Mit Pilzen

REZEPTVERZEICHNIS

Mit Obst

Suppen

Vegetarisches

Klassiker

Ausgefallenes

Dieses Buch gehört zu einer Kochbuchreihe, die die beliebtesten Themen aus dem Bereich Essen und Trinken aufgreift. Fragen Sie Ihren Buchhändler.

Die Deutsche Bibliothek – CIP-Einheitsaufnahme

Schnell und kreativ kochen mit der Mikrowelle / Martina Petrig. – Niedernhausen/Ts. : FALKEN, 1996
(Gut essen und trinken)
ISBN 3-8068-4869-6
NE: Petrig, Martina

ISBN 3 8068 4869 6

Umschlaggestaltung: Peter Udo Pinzer
Layout: Petra Becker
Redaktion: Lore Pötz
Herstellung: Sabine Vogt
Titelbild: TLC-Foto-Studio GmbH, Velen-Ramsdorf (Rezept: Fruchtige Kalbsmedaillons, S. 88)
Rückseitenbild: Ulrich Kopp, Füssen (Rezept: Gefüllte Tomaten, S.20)
Fotos: Ulrich Kopp, Füssen; außer: **FALKEN Archiv**: M. Brauner: S. 92/W. Feiler: S. 42 li., 42 re. und 84/U. Kopp: S. 74, 82 re. und 106/TLC: S.5 Mi. re., 12, 56, 66, 68 und 116.

Satz: Falken-Verlag GmbH, Niedernhausen/Ts.
Druck: Ernst Uhl, Radolfzell

817 2635 4453 6271